W0236120

Robert Bahr

Dramentechnik für Prosatexte

Robert Bahr

Spannender schreiben
Dramentechnik für Prosatexte

Aus dem Amerikanischen
von Hans J. Becker

Zweitausendeins

Deutsche Erstausgabe.
1. Auflage, Dezember 1998.

Die amerikanische Originalausgabe ist unter dem Titel
»Dramatic Technique in Fiction« bei Factor Press,
Mobile, Alabama, USA, erschienen.

Das Register der deutschen Ausgabe hat Frank Schindler erstellt.

Lektorat: Ekkehard Kunze, (Büro W), Wiesbaden.
Umschlaggestaltung: Fritz Fischer
Herstellung und Satz: Dieter Kohler GmbH, Nördlingen.
Druck: Wagner GmbH, Nördlingen.
Einband: G. Lachenmaier, Reutlingen.
Printed in Germany.

Dieses Buch gibt es nur bei Zweitausendeins im Versand, Postfach,
D-60381 Frankfurt am Main, Telefon 01805-232001 oder 069-4208000,
Fax 01805-242001 oder 069-415003. Internet www.zweitausendeins.de.
E-Mail info@zweitausendeins.de. Oder in den Zweitausendeins-Läden
in Berlin, Düsseldorf, Essen, Frankfurt, Freiburg, 2x in Hamburg, in Köln,
Mannheim, München, Nürnberg, Saarbrücken, Stuttgart.

In der Schweiz über buch 2000, Postfach 89, CH-8910 Affoltern a. A.

ISBN 3-86150-284-4

*Dieses Buch widme ich all denen
unter meinen ehemaligen, heutigen und zukünftigen
Studentinnen und Studenten, die verstehen,
daß Kunst nicht ohne handwerkliches Können auskommt
und daß Können gezügelte Leidenschaft ist.
Und es ist auch meiner besten Freundin Alice
zugeeignet.*

Inhalt

Vorwort 9

1 Das Theater der Phantasie 11

2 Das dramatische Konzept 23

3 Die Erzählstimme 49

4 Beschreibung 69

5 Der Autor als Darsteller 87

6 Die Kunst des Regisseurs 109

7 Der Autor als Zuschauer 123

8 Klang und Musik 137

9 Was nur der Autor vermag 151

10 Premierenabend 169

Literatur 183

Register 189

Vorwort

Die meisten Leser, die sich fürs Schreiben interessieren, werden von diesem Buch profitieren, aber nicht nur die Anfänger, sondern auch Schriftsteller, die schon lange im Geschäft sind und die Probleme kennen, um die es hier geht. Die ideale Leserschaft sind also Menschen, die sich gelegentlich mit Fragestellungen wie den folgenden beschäftigen: »Habe ich mich zu lange bei der Beschreibung aufgehalten?« »Wie kann ich diese Figur glaubhaft gestalten?« »Was wäre die ideale Erzählform?« »Wo sollte ich meine Geschichte am besten ansiedeln?« – und was es sonst noch an subtilen Problemen und Fragen gibt, mit denen sich erfahrene Autorinnen und Autoren konfrontiert sehen.

Die Antworten liegen im Werk selbst, in seiner Konzeption. Und genau das ist es, was dieses Buch zu bieten hat – klar und sachlich, wie ich hoffe: eine effektive Methode, die Ihnen hilft, besser zu verstehen, was Sie als Autor vorhaben und warum Sie es tun. Dazu werden wir als erstes gemeinsam eine Geschichte bauen, dann eine passende Erzählstimme suchen und Schauplatz, Charaktere, einen Regisseur und das Publikum auswählen. Und natürlich spielen Sie all diese Rollen selbst.

Ich kann nicht dafür garantieren, daß Sie aufgrund der Lektüre dieses Buches zu einem großen Schriftsteller werden.

Worauf ich mich festlegen will, ist freilich, daß Sie am Ende ein besserer Autor, eine bessere Autorin sein werden, als Sie es jetzt sind, daß Sie das Buch aus der Hand legen und neue – sowie praktische – Erkenntnisse darüber gewonnen haben werden, wie man seine Leser zufriedenstellt. Das wird Ihnen dann zwar nicht leichter fallen, womöglich dürfte es sogar schwieriger werden. Aber seit ich die Schriftstellerei professionell betreibe, habe ich über tausend Menschen das Schreiben beigebracht, und ich bin fest davon überzeugt, daß allen, die ihre Arbeit ernstgenommen haben, dadurch Monate, Jahre, vielleicht sogar ein Jahrzehnt erspart geblieben sind, in denen sie sich sonst mühsam ihren Weg zum Erfolg durch einen Irrgarten der Versuche, Irrtümer und dumpfer Verzweiflung hätten bahnen müssen. Ich zeige meinen Leserinnen und Lesern eine gangbare Abkürzung.

Also, machen wir uns auf den Weg.

1
Das Theater der Phantasie

Seien Sie versichert, daß ich nicht die Absicht habe, Ihnen allzu abstrakt oder theoretisch zu kommen. Das würde mir nicht einmal im Traum einfallen. Doch es ist fraglos erforderlich, daß Sie zuvor genau wissen, was Sie zu tun beabsichtigen, wenn Sie eine Geschichte schreiben wollen. Sonst würden Sie ja vieles dem Zufall überlassen.

So wollen wir uns zunächst einmal Mut machen und unser Vorgehen gleichsam auf eine höhere Ebene heben, indem wir feststellen: Alle Geschichten, selbst Anekdoten in Zeitungsartikeln, sind *Kunst*. Es ist vielleicht hohe oder niedrige, gute oder schlechte Kunst – eine Kunstform aber ist Literatur allemal, und damit ist sie Teil der »gestaltenden Tätigkeit des schöpferischen Menschengeistes«, wozu auch »Kunstfertigkeit und handwerkliche Qualitätsarbeit« gehören. Doch die literarische Kunst unterscheidet sich von allen anderen Kunstformen: Sie ist einzigartig. *Und genau diese Einzigartigkeit gibt dem, was Sie als Autor zu tun versuchen, ein ganz anderes Gesicht.*

Eine Skulptur steht auf einem Tisch, auf dem Fußboden oder auf einem Podest, und ein Betrachter, der bewundernd davor steht, läßt sich auf eine visuelle, sinnliche Interaktion

mit dem Kunstwerk ein. Womöglich berührt oder streichelt
er es.

Museumsbesucher drängen sich vor einem Van-Gogh-
Gemälde voll wirbelnder Orange-, Blau-, Weiß- und Grün-
töne. Alle Betrachter reagieren auf die unmittelbare Wirkung, die Farben und Bewegung über das Auge auf sie
ausüben. Die Sinne werden direkt angesprochen.

Wir sitzen in einem Konzertsaal. Der Dirigent hebt den
Taktstock, und der Pianist spielt die ersten drei Noten von
Peter Tschaikowskys Klavierkonzert in b-Moll. Und plötz-
lich nimmt das Orchester die süßen Klänge des Stückes auf.
Die Wände scheinen unter dem Ansturm der Schallwellen zu
beben; eine Vibration, die unser Gehör auf direkte, körper-
liche, sinnliche Weise berührt. Ob wir nun in der Oper, beim
Ballett, im Theater oder im Kino sind – immer werden unsere
Sinne unmittelbar angesprochen.

Woran aber messen wir die Kunst des *Schriftstellers*? Woran
zum Beispiel erkenne ich das Künstlerische eines Romans?
Wenn Sie mir, um es mir zu zeigen, lediglich ein Buch in die
Hand drücken, werde ich einwenden, Sie seien im Irrtum.
Und natürlich wissen Sie das längst. Ein Buch ist nichts wei-
ter als eine Ansammlung von Zeilen aus großen und kleinen
Lettern, geordnet durch verschiedene Satzzeichen und durch
Textblöcke, die wir Absätze nennen. Das ist nicht nur keine
Kunst, sondern wird sogar von vielen, besonders von jungen
Menschen, als das direkte Gegenteil von Kunst betrachtet;
als etwas, das in seiner ganzen Gestalt so langweilig wirkt,
daß selbst intelligente Menschen es Ihnen mit der Bemerkung
zurückgeben werden: »Nein danke, da warte ich lieber, bis es
verfilmt ist.«

Machen wir uns bewußt, daß der Marmorblock des Bildhauers die materiale *Substanz* seiner Kunst ist. Dasselbe läßt sich von Leinwand und Farben des Malers sagen, vom akustischen Ton, den der Musiker erzeugt, von der Körperbewegung des Tänzers und von den Tönen, die eine Sängerin mit ihren Stimmbändern hervorbringt. Doch wo findet sich auch nur annähernd eine Entsprechung beim *Schriftsteller?* Autoren haben ein Handicap, das zuweilen geradezu rasend machen kann: Sie müssen genug künstlerische Begabung besitzen, um jene sterile, langweilige Buchseite, *das Medium, in dem sie arbeiten, zu überwinden,* wenn sie erreichen wollen, daß ihre Kunst im einzigen Theater der Welt zur Aufführung kommt, in dem sie als Literatur zum Leben erweckt werden kann – *im Theater der Phantasie des Lesers.*

Ist das nicht ein unglaublicher Gedanke? Das, was an der Literatur Kunst ist, findet sich nicht in Büchern. Gewiß, es liegt dort sicher verwahrt. Doch wegen ihrer Einzigartigkeit spielt sich diese Kunstform, die durch das gedruckte Wort befördert wird, nur in den Köpfen der Autoren und ihrer Leser ab und läßt sich auch nur dort erfahren.

Aber wenn so eine Vorstellung im Theater der Phantasie Erfolg hat, gehen Wörter weit über ihre bloße Existenz auf der jeweiligen Buchseite hinaus. Sie bieten eine einzigartige Gelegenheit, die andere Künste selbst dann nicht für sich in Anspruch nehmen können, wenn sie von den größten Meistern ausgeübt werden: Sie gestatten dem Schriftsteller, über *alle* Kunstformen zu gebieten. Während Musiker und Komponisten für das Ohr, Maler und Bildhauer für das Auge arbeiten, schafft der Autor mit Wörtern auf des Lesers Bühne der Phantasie alle Gemälde und Skulpturen, Ouvertüren und

Konzerte, Opern und Ballette, die sein Talent hervorzubringen vermag. Er benutzt alle Sinne, nicht nur einen oder zwei.

Hören

»Und Musik! Vollendet wie keine Musik je vollendet ist. Laß eine Note aus, und wir hätten eine Verkleinerung. Laß einen Satz aus, und die Struktur würde in sich zusammenfallen … Hier war erneut Gottes Stimme selbst zu hören … Ich habe gehört, wie die Musik wahrer Vergebung das Theater füllte und allen, die dort saßen, die Absolution erteilte.«

Peter Shaffer, *Amadeus*

Sehen

»Schließlich betraten sie eine düstere Gegend, wo aus einem windschiefen Gebäude ein Dutzend ekelhafter Türen ganze Ladungen kleiner Kinder in Straße und Gosse entließen. Ein zeitiger Herbstwind fegte gelben Staub von den Kopfsteinen und wirbelte ihn gegen hundert Fenster. Lange Kleiderfahnen flatterten von Feuerleitern. In allen Winkeln gab es Eimer, Besen, Lumpen und Flaschen. Kleine Kinder spielten auf der Straße oder prügelten sich mit anderen Kindern oder saßen stupide den Fahrzeugen im Wege. Häßliche Weiber, ungekämmt und schlampig, klatschten miteinander, auf Geländer gelehnt, oder keiften in wildem Gezänk. Welke Greise, in sonderbarer Haltung, ergeben in irgendein Geschick, saßen pfeiferauchend in dunklen Ecken. Tausend Küchendünste quollen heraus auf die Straße. Das Gebäude bebte und knarrte unter der Last der Menschen, die in seinem Innern herumtrampelten.«

Stephen Crane, *Maggie, das Straßenkind*

Fühlen

»Der rote Backen- und Schnurrbart des Mannes war auch bereift, nur mit einer dickeren Schicht, die in Eis übergegangen war und mit jedem warmen, feuchten Lufthauch zunahm. Außerdem kaute der Mann Tabak, und die Eiskruste machte seine Lippen so unbeweglich, daß er beim Ausspucken sein Kinn nicht sauberhalten konnte. So hatte sich dort ein kristallener, ständig wachsender Bart gebildet, der in Farbe und Konsistenz Bernstein glich…

Von Zeit zu Zeit meldete sich der Gedanke wieder, daß es sehr kalt war und er eine solche Kälte noch nie erlebt hatte. Beim Gehen rieb er sich mit der Rückseite seines Fausthandschuhs Backenknochen und Nase. Er tat das ganz automatisch und benutzte einmal die eine, dann die andere Hand. Aber so sehr er auch rieb, sobald er damit aufhörte, stellte sich ein taubes Gefühl über den Backenknochen ein, und gleich darauf auch an der Nasenspitze. Er würde bestimmt Erfrierungen an den Backen davontragen; er wußte es und bedauerte in diesem Augenblick, daß er sich keinen Nasenschutz besorgt hatte, wie Bud ihn bei Kältewellen benutzte.«

Jack London, Feuermachen

Riechen

»Eine widerliche Schwüle lag in den Gassen; die Luft war so dick, daß die Gerüche, die aus Wohnungen, Läden, Garküchen quollen, Öldunst, Wolken von Parfüm und viele andere in Schwaden standen, ohne sich zu zerstreuen. Zigarettenrauch hing an seinem Orte und entwich nur langsam. …

Aber beim Tee, an seinem eisernen Rundtisch auf der Schattenseite des Platzes sitzend, witterte er plötzlich in der Luft ein eigentümliches Arom, von dem ihm jetzt schien, als habe es schon seit Tagen, ohne ihm ins Bewußtsein zu dringen, seinen Sinn berührt, – einen süßlich-offizinellen Geruch, der an Elend und Wunden und verdächtige Reinlichkeit erinnerte. Er prüfte und erkannte ihn nachdenklich, beendete seinen Imbiß und verließ den Platz auf der dem Tempel gegenüberliegenden Seite. In der Enge verstärkte sich der Geruch. An den Straßenecken hafteten gedruckte Anschläge, durch welche die Bevölkerung wegen gewisser Erkrankungen des gastrischen Systems, die bei dieser Witterung an der Tagesordnung seien, vor dem Genusse von Austern und Muscheln, auch vor dem Wasser der Kanäle stadtväterlich gewarnt wurde.«

Thomas Mann, Der Tod in Venedig

Das und mehr kann das geschriebene Wort vollbringen. Aber, um es noch einmal zu sagen: Der Autor, der ein Buch in die Höhe hält und sagt: »Das ist es, was ich geschaffen habe!« – dieser Autor meint das nicht wirklich. Denn all jene Wörter sind, für sich genommen, nichts. Bedenken Sie: Die *Kunst* eines Autors existiert *nirgendwo* in handfester, greifbarer Form. Erst wenn seine Wörter in der Phantasie des Lesers in lebendiges Theater verwandelt werden, wird das Schreiben Kunst.

In dem Augenblick, in dem wir das verstanden haben, wird uns sofort etwas über Autoren klar, die Geschichten erzählen: Sie sind theatralisch und dramatisch. Der junge Stendhal ist einst nach Paris gezogen, weil er dort häufig ins Theater gehen und lernen wollte, Stücke zu schreiben. Thomas Mann hat schon als Zehnjähriger begonnen, mit einem Puppentheater zu spielen. Er schreibt in *Der Bajazzo:*

> Es handelte sich um ein großes wohlausgestattetes Puppentheater, mit dem ich mich ganz allein in meinem Zimmer einschloß, um die merkwürdigsten Musikdramen darauf zur Aufführung zu bringen ... Es trafen nunmehr die mitwirkenden Künstler ein, die ich selbst mit Tinte und Feder gezeichnet, ausgeschnitten und mit Holzleisten versehen hatte, so daß sie stehen konnten. Es waren Herren in Überziehern und Zylindern und Damen von großer Schönheit.

Der junge Thomas Mann hat bei diesen Aufführungen jeden Part selbst gesprochen und die Hintergrundmusik gesungen:

> ... und ich gab mir das Klingelzeichen zum Beginn der Vorstellung, worauf ich den Taktstock erhob und ein Weilchen die große Stille genoß, die dieser Wink hervorrief. Alsbald jedoch ertönte auf eine neue Bewegung der ahnungsvoll dumpfe Trommelwirbel, der den Anfang der Ouvertüre bildete und den ich mit der linken Hand auf der Pappschachtel vollführte, – die Trompeten, Klarinetten und Flöten, deren Toncharakter ich mit dem Munde auf unvergleichliche Weise nachahmte, setzten ein, und die Musik spielte fort, bis bei einem machtvollen Crescendo der Vorhang emporrollte und in dunklem Wald oder prangendem Saal das Drama begann.

Thomas Mann hat eine Art Libretto geschrieben. Er hat applaudiert, wenn der Vorhang fiel, und er hat schließlich auch, sich verneigend, den verdienten Beifall entgegengenommen.

Jane Austen war vom Theater fasziniert. James Joyce hat sich eingehend damit beschäftigt. Eudora Welty, der wir einige der besten amerikanischen Short stories verdanken, hat gesagt: »Ich bin mein Leben lang gern ins Kino gegangen … Und während meiner New Yorker Zeit war ich ständig im Thalia oder in einem der vielen anderen kleinen Lichtspielhäuser, in denen ausländische Filme gezeigt wurden. Ich habe sie alle gesehen.«

Charles Dickens hat das Theater so geliebt, daß er eigene Stücke inszeniert und darin häufig die Hauptrolle übernommen hat. Dickens sei, schreibt einer seiner Biographen, »Inspizient, häufig auch Kulissenbauer, Arrangeur, Requisiteur, Souffleur und Kapellmeister in einer Person« gewesen. »Aus seiner Korrespondenz geht immer wieder hervor, welch großes Interesse er an allem hatte, was diese Aufführungen betraf, und daß er sich sogar noch um die kleinsten Details gekümmert hat … Diese auch körperlich anstrengende Arbeit nahm er freudig auf sich.«

Im Grunde haben alle Autoren – manche bewußt, die meisten unbewußt und eher instinktiv – die theatralische Natur ihrer Kunst erkannt. Der Roman des 19. Jahrhunderts hat sogar häufig recht unverfroren melodramatische Theaterstücke Szene für Szene formal nachgeahmt, wobei dem Publikum stets deutlich ein »Inspizient« vor Augen stand, der die Geschichte kommentierend begleitete. J. B. Amerongen, der *The Actor in Dickens* geschrieben hat, will Dickens' erste Romane sogar als so etwas wie Theaterstücke mit ausführlichen Regieanweisungen betrachtet wissen.

Der erfolgreiche Autor ist stets, ob bewußt oder unbewußt, zugleich Dramatiker, Inspizient, Schauspieler, Bühnenbildner und Publikum. Er ist verantwortlich für Beleuchtung und Requisiten, Tempo, Konflikt und Handlung und schließlich für das Agieren eines jeden Schauspielers, der die Bühne betritt. Er muß den Vorhang ziehen und schließen. Und, wie der junge Thomas Mann, muß er sich unters Publikum mischen und zuschauen; er muß lachen und weinen oder pfeifen und buhen. Und wenn er trotz der hohen Anforderungen, die er selbstkritisch an sich stellt, mit seinem Werk zufrieden ist, dann muß er sich auch noch selbst Beifall spenden.

Dies sind die handwerklichen Fähigkeiten *dramatischer Technik*, die zur Kunst hinführen. Es ist nicht einfach. Wäre es das, so würde jedes Manuskript als Buch veröffentlicht und wiederum so gut wie jedes Buch zum Klassiker. Doch es *ist* möglich, und weil das so ist, werden ernsthafte Autorinnen und Autoren nicht umhin können, den Versuch zu machen. Einige unter Ihnen werden Erfolg haben und spektakuläre Aufführungen auf die literarische Bühne bringen.

Um eines gleich vorwegzunehmen: Das meiste von dem, was ich hier noch vortragen werde, bezieht sich keineswegs nur auf Belletristisches, sondern auch auf das, was im heutigen Amerika gern als »New journalism« oder »Literary fact«, das heißt als literarische Sachtexte, bezeichnet wird. »Heutige Romanschreiber und Kritiker«, sagen André Fontaine und William A. Glavin in ihrem Buch *The Art of Writing Nonfiction*, »sind sich offenbar häufig nicht darüber im klaren, daß sich in den vergangenen dreißig Jahren eine neue Dimension des Journalismus entwickelt hat. So stammen heute einige der lebendigsten und kreativsten Arbeiten in englischer Sprache aus der Feder von Journalisten.«

Genaugenommen existiert das Genre freilich schon länger als dreißig Jahre. Charles Dickens hat ebenso literarische

Sachtexte geschrieben wie Stephen Crane, Mark Twain, George Orwell, Ernest Hemingway, James Agee und, in jüngerer Zeit, Truman Capote, Norman Mailer, Tom Wolfe und viele andere. Beispiele finden sich in Zeitschriften, Dokumentarbeiträgen und Reportagen, in Büchern über wahre Verbrechen und natürlich in autobiographischen Werken.

Ich schätze, daß die meisten US-amerikanischen Colleges und Universitäten schon in naher Zukunft Kurse in *Literary fact* anbieten werden und sich dabei an Werken orientieren wie James Agees *Preisen will ich die großen Männer*, Tom Wolfes *Unter Strom*, Emil Ludwigs *Napoleon*, Truman Capotes *Kaltblütig* und Gustav Ecksteins episches Prosagedicht »The Body has a Head, a Guide to Human Physiology«. Die Liste ließe sich beliebig verlängern.

Ich halte mich bei diesem Aspekt etwas länger auf, weil ich die Belletristen unter meinen Lesern, die davon überzeugt sind, sie hätten die dramatische Technik mit Beschlag belegt, zu ein wenig mehr Aufgeschlossenheit überreden möchte. Wahre Geschichten dramatisch aufzubereiten ist nämlich häufig weit schwieriger und verlangt größeres handwerkliches Können, als eine erfundene Geschichte zu schreiben. Die Technik aber ist in beiden Fällen die gleiche.

Wir werden in Kürze beginnen, doch zuvor möchte ich noch auf zweierlei hinweisen:

(1) Die einzelnen Kapitel entfalten sich mehr oder weniger beliebig. Die allerbesten Geschichten beginnen ja auch nicht notwendigerweise mit einer festgelegten Fabel oder mit Charakteren oder mit einem Thema; womöglich ist nicht einmal eine bestimmte Absicht zu erkennen. Manchmal kommt alles

zusammen, gleichsam als Paket – vielleicht so, wie Bildhauer ihr Werk entwerfen mögen. Es ist fast etwas Wundersames an diesem plötzlichen »Ich hab's!«, wenn das ganze Werk dem Künstler vor Augen steht; mit den erforderlichen Personen, den Nuancen ihres Charakters, mit Handlung und Thema. Doch das kommt nur selten vor. Sehr viel häufiger beginnt eine Geschichte im Kopf des Autors entweder mit einem Charakter, der nach einer passenden Bühne verlangt, oder mit einem bestimmten Schauplatz oder mit einem moralischen Anliegen. Meine Kurzgeschichte »Another Time or Place« zum Beispiel habe ich einfach deshalb geschrieben, weil mir der Titel nicht aus dem Kopf gehen wollte.

(2) Ich spreche hier vom Grundsätzlichen. Es kann also durchaus sein, daß Sie zu so gut wie allen meinen Vorschlägen gleich mehrere Ausnahmen entdecken. Wenn Sie bereits Erfahrung haben, kennen Sie womöglich Ansätze, die besser funktionieren als das, was ich vorschlage. So soll es sein. Ich hoffe sehr, daß Sie immer zuerst kosten, was ich auftische. Schlingen Sie um Himmels willen nicht alles ungeprüft in sich hinein. Schreiben ist neben vielem anderen auch weitergegebene Beobachtung, und wenn wir alles auf die gleiche Weise erfahren und aufnehmen würden, gäbe es auf der Welt äußerst wenig ursprüngliche oder originelle Literatur. Hier ist von *meinen* Techniken die Rede. Sie sind alles andere als unflexibel, und Allgemeingültigkeit wäre das letzte, was ich ihnen zuschreiben würde.

Lassen Sie uns jetzt also das Theater betreten, das sich im Kopf befindet – im Kopf des *Lesers*, um genau zu sein. Uns steht eine Bühne zur Verfügung, und wir haben die Aufgabe, uns ihrer nach bestem Vermögen zu bedienen. Dabei werden wir uns in verschiedene Theatersparten versetzen. Eins aber ist gewiß: Ohne einen Schriftsteller, der das Drama auf die Bühne bringt, sind wir aufgeschmissen; schließlich muß irgend jemand das Ganze zu Papier bringen.

2
Das dramatische Konzept

Jeder Autor beginnt als Dramatiker – als derjenige, der die Idee hat. »Eine Idee muß sein«, sagt Eudora Welty. »Was in einem Werk lebt, ist die Idee.« Sie ist nach Welty nichts weniger als das Herz der Geschichte, auf das sich die ganze Geschichte hin bewegt. John Steinbeck hat es als das bezeichnet, »was vom Autor an den Leser geht« und was sich in einem einzigen Satz zusammenfassen ließe. Nichts ist wichtiger als diese Idee, und niemand sollte zu schreiben anfangen, wenn sie ihm nicht klar vor Augen steht. Aber leider ist das Fehlen einer klaren und konkreten Idee nach meiner Erfahrung der häufigste Mangel bei Anfängerarbeiten.

Thema	Schöpferische Absicht	Idee/Ausführung
Gut und Böse	Manchmal kann, was gut erscheint, auch böse sein, und umgekehrt	Nathaniel Hawthornes Der scharlachrote Buchstabe
Osterferien	Es gelingt mir nicht, mir ein Mädchen zu angeln	Aufsatz eines bedauernswerten Studenten

Eine Idee liefert nicht nur ein Thema, *sondern in ihr steckt die schöpferische Absicht.* Die schöpferische Absicht – das, was ein Autor zum Thema sagen will – macht erst die Idee aus.

Bis ins späte 19. Jahrhundert hat man die schöpferische Absicht als Moral bezeichnet, und die war eine Lektion zu Nutz und Frommen des Lesers. Heute würde man vermutlich eher von Sichtweise oder Tendenz sprechen.

Die schöpferische Absicht ist mehr als eine festgelegte Handlungslinie. Sie ist das, was den Autor zum Schreiben veranlaßt. Sie kann ein deutlicher Aufruf zur Tat sein, wie Ayn Rands *Atlas wirft die Welt ab* oder Rachel Carsons *Der stumme Frühling.* Sie kann eine vom Autor gewonnene Erkenntnis ausdrücken, wie Desmond Morris' *Der nackte Affe* oder Robert Heinleins *Fremder in einer fremden Welt.* Sie mag darauf abzielen, zu erbauen, zu belehren, eine Stimmung auszudrücken oder ironisch zu sein. Und womöglich will sie lediglich unterhalten. Doch ganz gleich, welche Absicht ein Autor im Sinn hat – *sie muß ihm auf jeden Fall von Anfang an klar sein.*

Das also ist die erste Aufgabe des Dramatikers: Er muß sich selbst seine schöpferische Absicht offenlegen. Unerfahrene Autoren aber ignorieren das. Sie können es häufig kaum erwarten, mit dem Schreiben zu beginnen, und machen sich nicht klar, worum und wohin es gehen soll. Dieser Mangel wird sofort offenbar, nicht nur in der Belletristik. Selbst bei Zeitungsartikeln, bei denen Fakten, Zitate und Anekdoten bewußt arrangiert und ausgewählt werden, um beim Leser eine bestimmte Reaktion auszulösen, muß sich der Autor von Anfang an über seine schöpferische Absicht im klaren sein.

Auf dieses Leuchtfeuer wird er Kurs nehmen. Tut er das

nicht, wird er womöglich ahnungslos auf eine Irrfahrt gehen und nie Land sehen. Er wird vielleicht irgendwann irgendeinen Hafen anlaufen, in dem es für ihn aber nichts zu gewinnen gibt. Gut möglich auch, daß er sein Schiff sogar auf eine Sandbank setzt und damit den literarischen Törn abrupt beendet. Einzig die schöpferische Absicht – nicht das *Was*, sondern das *Warum* – kann ihn auf Kurs halten.

Um es noch einmal und mit Nachdruck zu sagen: Mir ist in meinem ganzen Berufsleben kein Artikel, keine Erzählung und kein Roman untergekommen, die es wert gewesen wären, gedruckt zu werden, obwohl sie keine eindeutige Richtung oder schöpferische Absicht erkennen ließen. Und wenn eine typische Studentenarbeit bei den Kommilitonen nicht ankommt, liegt das im allgemeinen daran, daß sie keine erkennbare Absicht hat. Hier ein typischer Dialog aus dem Seminarraum:

Ich: »Interessant. Wohin soll das führen?«

Student: »Na ja, ich hab' halt gedacht, ich erzähle einfach mal von der Zeit, als ich…«

Ich: »Na schön. Aber warum soll *ich* mich dafür interessieren? Was hat die Story *mir* denn zu sagen? Was sagt Ihre Geschichte über das Leben? Warum soll ich sie lesen wollen? Wo weist sie über sich hinaus?«

An diesem Punkt verdrehen die Betreffenden für gewöhnlich die Augen und steigen aus. Manchmal sagt auch jemand protestierend: »Ich will weder eine Allegorie, noch eine Parabel, noch eine Predigt schreiben, sondern lediglich eine unterhaltsame Geschichte erzählen.«

Genau das will auch ich erreichen. Aber sehen wir uns einmal an, was ohne schöpferische Absicht daraus wird.

Die Handlung: Junger Mann trifft junges Mädchen; junger Mann verliert junges Mädchen; junger Mann gewinnt Herz des jungen Mädchens zurück. Eine wahre Begebenheit vielleicht, besetzt mit dem ganzen Pathos, Herzschmerz und finalen Triumph solcher Geschichten. Sorgfältig erzählt mit allen Details, die dazugehören. Und doch nimmt alles nur seinen vorhersehbaren, geradezu monotonen Lauf. Der Leser gähnt und fragt: Na und?

Nun tritt die schöpferische Absicht, die hinter der Geschichte steht, dazu: *Es gibt noch so etwas wie Gerechtigkeit auf der Welt.* (Ich habe mir diese Absicht ausgedacht; es kann auch etwas ganz anderes sein.) Und sogleich haben wir eine Quelle, aus der dramatische Spannung entspringt: Diese Menschen *gehören zusammen.* Es sind gute Menschen, die auf ihr persönliches Glück verzichtet haben, weil sie dem Glück anderer Menschen nicht im Weg stehen wollten. Und doch ist die Liebe, die sie füreinander empfinden, geradezu mit Händen zu greifen. Wenn sie schließlich zueinanderfinden, gewinnt die Geschichte höchste Eindringlichkeit. Wegen der klaren schöpferischen Absicht geht die Erzählung entschlossen auf die Vereinigung des Paares zu und kommt punktgenau dort an.

Der erfolgreiche Autor sagt sich nicht: »Ich werde über die große Wirtschaftskrise und die Staubstürme der 30er Jahre schreiben«, denn das wäre nicht viel mehr als eine leere Hülle. Er sagt statt dessen wie John Steinbeck in *Früchte des Zorns*: »Ich werde darüber schreiben, wie Menschen, wenn auch nur gerade so eben, die schier überwältigenden Probleme, denen sie sich gegenübersehen, dadurch überwinden können, daß sie sich am Reichtum des Lebens selbst festklammern.« Nicht: »Ich werde über Dublin schreiben«, sondern, wie James Joyce es in *Dubliners* gesagt hat: »Ich werde darüber schreiben, wie ein Umfeld aus Menschen lebende Leichen macht.«

Handlungslinie

Wenn er sich der eigenen schöpferischen Absicht gewiß ist, wendet sich der Autor-als-Dramatiker der Handlungslinie oder der Grundhandlung zu.

Manchmal ist diese Grundhandlung für Leser fast nicht wahrnehmbar. Doch wenn die schöpferische Absicht das Leuchtfeuer ist, so markiert die Handlungslinie den Kurs, auf dem das Schiff den sicheren Hafen erreicht.

Die meisten der erfolgreichen Autorinnen und Autoren legen diesen Kurs fest, ehe sie sich auf die Fahrt begeben. Sie wissen genau, wohin die Reise geht, *bevor* sie auch nur ein einziges Wort zu Papier gebracht haben.

James Michener zum Beispiel hat längst die Handlung eines neuen Buches umrissen, die Charaktere entwickelt und den Inhalt eines jeden Kapitels festgelegt, ehe er einen Assistenten auf die Recherchen ansetzt.

Katherine Anne Porter sagt: »Wenn ich nicht wüßte, wie eine Geschichte endet, würde ich sie erst gar nicht beginnen. Ich schreibe stets zuerst meine letzte Zeile, meinen letzten Absatz, meine letzte Seite.«

Jules Verne hat geschrieben: »Ehe ich eine neue Erzählung beginne, mache ich mir stets ein Konzept. Ich fange erst an, wenn ich weiß, was Anfang, Mittelteil und Schluß sein wird.«

Doch es gibt immer wieder Anfänger, die jammern: »Ich will aber, daß die Geschichte fließt, sich spontan und gleichsam wie von selbst entfaltet. Ein Konzept ist nur ein Kunstgriff, eine Krücke.« – Worauf zu entgegnen wäre, daß sich jeder etwas vormacht, der glaubt, Kunst habe mit Kunstfertigkeit nichts zu tun. Kunst ist nicht das Leben. Sie ist die *Illusion* von Leben, ist bewußt in eine Form gebracht, die sich im Leben selten findet. Und wenn ein dramatischer Effekt angestrebt wird, braucht diese Form einen Anfang, einen Mittelteil und einen Schluß.

Ganz gleich, ob es sich nun um einen Roman oder ein Sachbuch handelt, um eine Kurzgeschichte oder einen Zeitungsartikel – immer werden diese drei lebenswichtigen Teile benötigt; gerade so, wie eine Skulptur aus Oben, Unten und Mitte besteht. Es sind die Teile, die der Dramatiker in eine logische Abfolge bringen muß. Und auf dem Weg muß er außergewöhnlich viele Entscheidungen treffen.

Konflikt

Aber ein Anfang, Mittelteil und Schluß *wofür?* – Für einen *Konflikt* ... (und ich hätte beinahe noch »selbstverständlich« hinzugefügt, wenn ich nicht ein gebranntes Kind wäre, habe ich doch im Lauf der Jahre allzu viele »Kurzgeschichten« aus der Feder von Studenten gelesen, in denen beim besten Willen kein Konflikt zu finden war).

Wenn man auf einem Gebiet besonders bewandert ist, läuft man immer Gefahr, als selbstverständlich vorauszusetzen, daß jeder andere weiß, was man selbst weiß (das hat etwas mit

Betriebsblindheit zu tun). Ich glaube nicht, daß ich jemals vergessen hätte, daß der Konflikt zum unverzichtbaren Kern eines jeden Dramas gehört und daß so ein Konflikt oder auch der Zusammenstoß gegnerischer Kräfte oder Mächte beim Leser Spannung erzeugt. Wird der Charakter, den ich mag (den ich unterstütze, mit dem ich mich identifiziere), über den Bösewicht/Blödmann/Punker triumphieren? Wie werden jene wundervollen Menschen diese schrecklichen Gefahren bestehen? Die Spannung, die sich aus dem Konflikt ergibt, hält uns bei der Stange. Wir lesen weiter, weil wir wissen wollen, wie die Sache ausgeht.

Das alles sei so selbstverständlich, daß man es nicht extra erwähnen muß, meinen Sie? Nun, das habe ich in meinen ersten Vorlesungen auch gedacht, was aber zur Folge hatte, daß ich manchmal von jedem vierten oder dritten meiner Studenten »Kurzgeschichten« (das heißt sinnlose, unzusammenhängende Details aus ihrem Leben und dem Leben ihrer Angehörigen) bekommen habe, in denen sich auch nicht die Spur von Konflikt und Spannung hat finden lassen. Die Lektüre war jedesmal quälend langweilig.

Deshalb setze ich in diesem Zusammenhang nichts mehr stillschweigend voraus. Wenn Sie es gewohnt sind, in Ihren Büchern Wichtiges anzustreichen, sollten Sie den folgenden Satz farbig markieren: *Wenn man keinen Konflikt hat, der Spannung erzeugt und nach einer Lösung verlangt, dann hat man auch keine Geschichte. Bei einer Geschichte geht es allein darum, einen Konflikt durch Dramatisierung der eigenen schöpferischen Absicht zu lösen.*

29

Der Anfang

Der zentrale Konflikt einer Geschichte sollte gleich zu Beginn eingeführt werden; wenn möglich, schon im ersten Absatz. Unlängst hat eine Studentin die folgende Geschichte bei mir abgegeben: Eine junge Frau, Anfang zwanzig, geht mit ihrem Freund auf einen Faschingsball. Es wird getanzt, und es gibt Champagner und ein kaltes Büfett. Anschließend besucht der Mann mit ihr noch verschiedene Bars. Der Frau, die ein wenig über den Durst getrunken hat, wird plötzlich schlecht. Sie geht auf die Damentoilette, wo sie ohnmächtig zu Boden sinkt. Als sie Stunden später erwacht, liegt sie immer noch dort, trägt aber schäbige Männerkleidung. Da sie weder Handtasche noch Geld hat, gibt ihr einer der Männer an der Bar fünf Dollar. Als sie nach etlichen Schwierigkeiten wieder zu Haus angelangt ist, hat sie über ihren Begleiter vom Vorabend ganz neue Erkenntnisse gewonnen.

Die Geschichte war mißlungen, weil die Autorin sie chronologisch aufgebaut und mit dem Faschingsball begonnen hatte. Sie hätte mit dem Konflikt beginnen und Spannung erzeugen sollen, die sich ergibt, wenn da jemand total verwirrt auf dem Fußboden einer Damentoilette erwacht. Nach entsprechender Überarbeitung ist eine fesselnde und ergreifende Erzählung daraus geworden.

Vergessen Sie nicht, daß die ersten Sätze einer Geschichte mit Fernsehen, Film, Videos, Zeitschriften, Büchern und sonstigen Medien um die Aufmerksamkeit des Publikums wetteifern müssen. Nur ein fesselnder, einen Konflikt versprechender Einstieg kann hier konkurrieren. Doch auch schon lange bevor es dieses Gedränge auf dem Unterhaltungsmarkt gab, haben große Autoren stets kühne, gleichsam kraftstrotzende Anfänge geschrieben.

Schauen Sie, wie William Faulkner den Leser aus der wirklichen Welt in die Welt seines Romans *Licht im August* und in die Gedankenwelt der Heldin Lena katapultiert:

> Lena sitzt am Straßenrand. Sie sieht, wie das Fuhrwerk über die Wegsteigung langsam näherrückt, und denkt: ›Ich komme aus Alabama: ein schönes Stück. Von Alabama bis hierher gelaufen. Ein schönes Stück.‹ Denkt: *Noch nicht ganz einen Monat bin ich unterwegs und bin doch schon in Mississippi, so weit von zu Haus wie noch nie. So weit von Doane's Mill bin ich noch nie fortgewesen, seit ich zwölf Jahre alt war.*

Kein Leser wird das Buch jetzt aus der Hand legen. Faulkner hat uns am Haken, zumindest einen weiteren Absatz lang. Wir wollen wissen, welcher Konflikt Lena so weit von zu Haus fortgeführt hat.

Auch Homer gewinnt uns mit den großen Spannungen und Konfrontationen, die gleich in den ersten Versen seiner *Ilias* aufscheinen:

> Singe, o Göttin, den Groll des Peleiden Achilleus,
> Wie unselig er schuf ein endlos Leid den Achaiern,
> Viel starkmütige Seelen der Helden zum Hades entsandte,
> Helden, die er nun ließ zum Raube liegen den Hunden
> Und den Geiern zum Fraß – so ward Zeus' Wille vollendet –
> Seit dem Tage, da einst in streitendem Hader sich trennten
> Atreus' Sohn, der Gebieter des Volks und der hehre Achilleus.

Kaum ein Anfang ist so unwiderstehlich, wie der von Kate Millets wahrer Geschichte *The Basement*, wo sie mit dem Opfer eines abscheulichen Mordes spricht:

Du bist seither immer bei mir, ein Inkubus, ein Alptraum, der Alptraum des Heranwachsens, als weibliches Kind heranzuwachsen; zur Frau zu werden in einer Welt, die sich uns widersetzt; einer Welt, die wir verloren haben und in der wir ständig an unsere Niederlage erinnert werden. Was du erlitten hast, spiegelt all das sinnbildlich wider. Daß du es durch die Hand einer Frau erlitten hast, das Schwerste an der Fabel, auch das. Wer sonst wohl wäre besser geeignet, das Frauenkind zu zerbrechen?

Gelungene Anfänge haben folgendes miteinander gemein:

(1) Sie erregen Aufmerksamkeit, was durchaus nicht heißt, daß sie sensationell sein müssen; zumindest nicht lediglich um der Sensation willen. Sie können einen faszinierenden Gedanken vor uns ausbreiten, wobei schon die Art und Weise, wie dieser Gedanke vorgestellt wird, fesselnd sein kann. Wenige Romananfänge übertreffen diesen sehr einfachen Einstieg, den Jane Austen für *Stolz und Vorurteil* gewählt hat: »Es ist eine allgemein anerkannte Wahrheit, daß ein Junggeselle, der ein beachtliches Vermögen besitzt, zu seinem Glück nur noch einer Frau bedarf.« Ein derartiger Einstieg zieht uns unmittelbar in den Roman hinein.

(2) Sie vertauschen die Wirklichkeit des Lesers mit der des Erzählers. Ich halte es für geradezu ideal, wenn es gelingt, den Leser mit einem Ruck aus seiner Realität in die meine zu reißen. In Zeitungsartikeln wird der Autor sich vielleicht auf die wirksame Dramatik einer Anekdote verlassen. So habe ich zum Beispiel meinen Artikel »Born to Bike« für die Jugendzeitschrift *Boys' Life* folgendermaßen beginnen lassen:

Sie hatten noch elf Sekunden bis zur Ziellinie. Der Führende blickte über die Schulter zurück und sah den Radsprinter mit den flammend roten Haaren und den hellen blauen Augen an der Außenseite heranstürmen. Es war Bruce Donaghy, und es gab nur eine Möglichkeit, ihn abzufangen – die überhöhte Kurve der Bahn nicht eng zu nehmen und Bruce beim Überholmanöver zu zwingen, die Schräge hinaufzufahren. Normalerweise ist das eine gute Taktik.

Doch für Bruce schuf es genau die Lücke, die er für einen leichten Sieg benötigte. Sofort zog er nach innen, wobei er mit seinem Vorderrad fast das Hinterrad des führenden Konkurrenten berührt hätte. Dann überholte er ihn in einem furiosen Spurt an der Innenseite und flog auf die Ziellinie zu.

Bei längeren Werken, wie zum Beispiel einem Roman, kann der Autor gemächlicher in die literarische Wirklichkeit einführen. Man lese einmal, wie geschickt Ray Bradbury seinen Roman *Dandelion Wine* beginnt und dabei rasch einen dämmernden Sommermorgen zum Leben erweckt:

Dort und dort. Jetzt hier drüben und da ...
Gelbe Rechtecke wurden in die dämmrige Morgenwelt geschnitten, als in den Häusern nach und nach die Lichter angingen. Meilen entfernt besprenkelten plötzlich erleuchtete Fenster das Dämmerland.
Alles mal gähnen. Alles aufstehen.

In ihrer Einsilbigkeit gleichsam drängende Wörter wie »jetzt«, »hier«, »dort« und dergleichen versetzen den Leser rasch aus seiner Wirklichkeit in die des Erzählers. Die gleiche Wirkung erzielt man, wenn man im Präsens schreibt, obwohl man da leicht des Guten zuviel tut.

(3) Die ersten Absätze gelungener Anfänge legen auch bereits den Ton, die Stimmung fest. Robert Ardrey beginnt sein

Sachbuch *Der Wolf in uns* damit, daß er die Menschheit vor einen Hintergrund aus Zeit und Ewigkeit stellt:

> Warum ist der Mensch ein Mensch? Seit uns Verstand gegeben ist zum Denken, seit es Sterne gibt, um darüber nachzusinnen, Träume, die uns aufschrecken, Neugier, die uns beflügelt, Muße zur Meditation, Worte, um Ordnung in unsere Gedanken zu bringen, geht in den Katakomben unseres Bewußtseins wie ein rastloser Geist die Frage um: Warum ist der Mensch ein Mensch? Welchen göttlichen oder irdischen Mächten verdankt die Erde diese bemerkenswerte Kreatur – das menschliche Wesen? Zivilisierte Völker und primitive Stämme sind dieser Frage gleichermaßen nachgegangen. Sie beschäftigt uns alle und ist unserer gesamten Spezies genauso zu eigen wie die Fähigkeit zur Sprache. Als wir in diese Welt eintraten, verließen wir da den Urwald auf dem Rücken eines heiligen Elefanten? Wurden wir von einem wohlwollenden, unbefleckten Fisch an einen felsigen Strand gespien? War nicht in unseren ältesten Mythen immer wieder das Tier am Schöpfungsakt beteiligt? Selbst das Paradies hatte seine Schlange.

(4) Am Anfang wird eindeutig die Erzählstimme etabliert. (Das ist die Stimme der Person, welche die Geschichte erzählt. Es ist keineswegs Ihre, des Autors, Stimme! Ich werde später noch einmal darauf eingehen.) Ein besonders treffendes Beispiel bietet der Anfang von Bernard Malamuds Short story »The Jewbird«:

> Das Fenster stand offen, und der dürre Vogel flog ins Zimmer. Flatter-flatter mit seinen ausgefransten Flügeln. So geht das. Es steht offen, du bist drin. Ist es geschlossen, bist du ausgesperrt, wenn das denn dein Schicksal ist. Der Vogel flatterte auf müden Flügeln durch das offene Küchenfenster von

Harry Cohens Wohnung im ersten Stock des Hauses an der First Avenue nahe beim Lower East River.

(5) Der ideale Anfang enthält bereits einen ersten Hinweis auf die schöpferische Absicht des Autors. Das ist nicht immer möglich, doch wenn es sich verwirklichen läßt, dient es der *Einheitlichkeit*, der Geschlossenheit des Werkes.

Eins der besten Beispiele für diese Art von Einstieg – ein Anfang, der sowohl die schöpferische Absicht als auch den Schluß widerspiegelt – ist Christopher Isherwoods *A Single Man:*

> Das Aufwachen beginnt damit, daß man *Bin* und *Jetzt* sagt. Anschließend liegt das, was erwacht ist, noch eine Weile da, starrt an die Decke und in sich hinein, bis es *Ich* entdeckt und daraus geschlossen hat: *Ich bin, ich bin jetzt.* Darauf folgt *Hier* und ist zumindest negativ beruhigend, denn es hat erwartet, sich an diesem Morgen *hier* zu finden: Was man *zu Hause* nennt.

Das Wirkungsvolle daran ist die Entpersönlichung des Erzählers. »Das, was erwacht ist … in sich hinein, bis es entdeckt hat…« Der Mensch, der die Geschichte erzählt, kommt aus der Nichtexistenz des Schlafs ins Leben hinein und schließlich auch in die Menschheit. Nach einem recht gewöhnlichen Tag, der durch die ausschließlich menschliche Fähigkeit, Leidenschaft zu empfinden, außergewöhnlich wird, kehrt der Erzähler ins Bett, in die Entpersönlichung und in die endgültige Wirklichkeit des Todes zurück. Vom ersten Absatz an ist uns bewußt, daß wir jeden Augenblick mit der unausweichlichen Auslöschung konfrontiert sind. Das läßt sich nicht übersehen, und doch ist das Leben etwas, das es zu feiern gilt.

Der Mittelteil

Ein guter *Anfang* gewinnt die Aufmerksamkeit des Lesers; ein guter *Mittelteil* hält seine Aufmerksamkeit fest. Erfahrene Schriftsteller wissen, daß sie nur Erfolg haben können, wenn das Interesse des Lesers nicht nachläßt. Wer seine Leser langweilt, nimmt das ebenso hin, wie ein Chirurg, unter dessen Händen ein Patient stirbt. (Leider gibt es den Straftatbestand des literarischen Kunstfehlers noch nicht.)

Ein Autor ist seinen Lesern und auch seiner eigenen schöpferischen Absicht lediglich schuldig, ein geschickter »Unterhalter« zu sein. Er ist zwar fraglos mehr als das, aber das ist er auf jeden Fall, und die Autoren, die uns am besten unterhalten haben – Shakespeare, Mark Twain, Stevenson, Dickens und andere – werden noch gelesen werden, wenn raffiniertere, aber weniger unterhaltsame Autoren nicht viel mehr als Fußnoten der Literaturgeschichte sein werden.

Wer unterhalten will, erzählt für gewöhnlich eine Geschichte (Journalisten und Sachbuchautoren sprechen von Anekdoten). Vor fast dreißig Jahren hat Malcolm Cowley geschrieben: »Es besteht kein Zweifel daran, daß das Geschichtenerzählen seine einst privilegierte Stellung in der Publizistik eingebüßt hat und damit auch einen Teil der Beachtung durch Kritiker und Leser. Zeitschriften drucken immer weniger Belletristisches, und es gibt kaum einen Rezensenten, der nicht schon einmal lauthals verkündet hätte, daß der Roman gestorben sei.« Erzählungen waren nicht mehr zeitgemäß und nicht mehr angesagt. »Die Handlung, das wesentliche Element der Geschichte, biedert sich schamlos beim Publikum an.«

Die Denkweise, die Cowley beklagt, hat zu einem kurzen Aufflackern des Absurden in den Schönen Künsten geführt. Künstler, die das Leben als bedeutungslos ansahen, wollten ihre Ansichten in unsterblichen Kunstwerken unters Volk bringen; was zu Absurdisten im Grunde gar nicht passen will. Andy Warhol, dem es gelungen ist, mit Belanglosigkeiten gutes Geld zu machen, hat ein Werk mit dem Titel *a* veröffentlicht, über das in der *New York Times Book Review* vom 12. Januar 1969 folgendes zu lesen war:

»Es besteht aus einem Gespräch von 24 Stunden Länge – es gibt verblüffend wenige Sprechpausen – und ist ein Tonbandmitschnitt aus dem Leben Ondynes, eines Mannes aus Warhols Entourage. Der Mann ist homosexuell, steht unter Drogen und ist redselig...

a ist letztlich nicht einmal realistisch. Weil offenbar manche Übergänge nicht aufgezeichnet worden sind, besteht das meiste aus unverständlichen Bruchstücken und Dialogfetzen. Weil die Amphetamine Ondynes Hirn unwiederbringlich verquirlt zu haben scheinen, besteht das, was er von sich gibt, überwiegend aus Grunzlauten, Quieken und schwachen Kalauern.«

Diese *Ungeschichten* der 60er und 70er Jahre mit entsprechenden Nichthandlungen, Nichtcharakteren und Nichtssagendem haben ohne Ausnahme auch die Nichtleser gefunden, die sie verdienen. Und das nicht etwa, weil die Kritik sie verrissen hätte, sondern weil das breite Publikum – die Farmer und Lastwagenfahrer, die Krankenschwestern und Sekretärinnen, die Hausfrauen, Lehrer und Geschäftsleute, all jene, die lesen – diese Geschichten einfach nicht kaufen wollte. Die Menschen leben und leiden und machen ihre persönlichen Erfahrungen mit dem Leben und dem Leiden. Sie haben Sinnlosigkeit erfahren und kennen sich sogar in geradezu kosmischer Absurdität aus. Sie wissen so gut, was es damit auf sich hat, daß sie sich am liebsten nicht bei dem Thema aufhalten. Sie würden sich lieber eine Weile abwenden und Atem holen. Manche wenden sich der Religion zu, andere der Kunst beziehungsweise der Literatur. Kaum jemand hat das besser auf den Punkt gebracht als Maren Elwood:

> Wir erleben Ursachen ohne sichtbare Wirkung und Wirkungen ohne sichtbare Ursache. Zu beiden Seiten von uns erstreckt sich das Leben ins Unendliche. Unsere Vergangenheit wird eingegrenzt von rund 5000 Jahren aufgezeichneter Geschichte. Unsere Vision von der Zukunft reicht nicht weiter als bis zum nächsten Atemzug und manchmal nicht einmal so weit. Das Leben befriedigt nicht unsere tiefe Sehnsucht nach Vorbildern und logischer Ordnung, die uns allen innewohnt. Es gibt im Herzen der Menschen ganz einfach ein fundamentales Verlangen nach geordneten Abläufen, nach einer faßbaren Folge von Ursache und Wirkung und nach einer Reihe miteinander verknüpfter Ereignisse, die zunehmend an dramatischer Intensität (d. h. Konflikt) gewinnen und sich auf einen Höhepunkt hin entwickeln und nach einer Lösung drängen. Und nur die Kunst des Schriftstellers kann dieses Verlangen stillen.

Unterhaltung ist ebensowenig ein unanständiges Wort wie der Begriff *kommerziell.* »Ich schreibe keine kommerziellen Bücher«, hat unlängst ein junger Mann auf einer Autorentagung zu mir gesagt. »Ich schreibe seriöse literarische Romane.« Nachdem ich das Pech hatte, mich mit einer ganzen Reihe solch unveröffentlichter »seriöser« Romane herumplagen zu müssen, komme ich nicht mehr umhin, sagen zu müssen, daß sich hinter diesem Anspruch häufig nur Wortgeklingel, Schmähreden und ein kindisches »Guck mal, was ich kann!« verbergen. Daß dergleichen Romanwerke nicht kommerziell sind, spricht durchaus nicht für sie. Sie sind nicht kommerziell, weil niemand sie verlegen wird, und niemand wird sie verlegen, weil niemand sie lesen wird. Und niemand wird sie lesen, *weil sie nicht unterhaltsam sind.*

Es ist gewiß kein Zufall, daß schlichte Gemüter ebenso wie Intellektuelle Shakespeares Stücke bejubelt haben und daß das Publikum die Werke von Dickens und Mark Twain und Chaucer und Homer mit Begeisterung aufgenommen hat. Daß viele dieser Werke später verfilmt worden sind, weist, nebenbei bemerkt, auf ihren Unterhaltungswert hin, denn Filme wollen vor allem unterhalten.

E. M. Forster hat geschrieben: »Weil Scheherazade die Waffe spannender Erwartung zu führen wußte, das einzige literarische Werkzeug, mit dem man Despoten und Barbaren beikommen kann, entging sie ihrem Schicksal.« Das läßt sich auch auf Sachliteratur übertragen. Geschichten erzählen – das ist Unterhaltung.

Der Autor, der nicht unterhalten will, ist Journalist oder vielleicht Philosoph oder Prediger oder Propagandist. Er ist jedenfalls kein Künstler, denn der literarische Künstler-als-Dramatiker weiß intuitiv, daß er ebenso Teil des Unterhaltungsgeschäfts ist, wie Michelangelo, Mozart und Flaubert es waren. Der Wunsch zu unterhalten hat nichts mit der schöpferischen Absicht zu tun, die für das ganze Werk von so entscheidender Bedeutung ist. Unterhaltung ist lediglich Mittel zum Zweck; doch ob der erreicht wird, hängt häufig davon ab, wie gut es dem Autor gelungen ist, den Leser zu unterhalten.

Im Mittelteil des Werkes arbeitet der Autor den Konflikt heraus. Wenn seine Geschichte und seine schöpferische Absicht es erfordern oder zulassen, erreicht er das vielleicht mit Hilfe sehr sanfter, prägnanter Dialoge. Wenn er dagegen für Arnold Schwarzenegger *Terminator 20* schreibt, läßt er seinen Bösewicht womöglich halb Manhattan in die Luft jagen. Auf jeden Fall rückt die Mitte einer Erzählung den Konflikt deutlicher ins Blickfeld, und das löst sowohl bei den Figuren als auch beim Leser eine emotionale Reaktion aus.

Daran wird deutlich, wie Literatur unterhält: durch Gefühle und Leidenschaften.

Der Autor-als-Dramatiker muß seine Idee – Anfang, Mittelteil und Schluß – emotional und nicht intellektuell betrachten. Es ist für uns nicht unterhaltsam, wenn jemand lediglich Ereignisse auflistet. Das sind Nachrichten. Ich könnte Ihnen zum Beispiel berichten, daß ein vierjähriger Junge mit seinem Dreirad durch eine gläserne Terrassentür gekracht und beinahe verblutet ist und daß eine Transfusion mit dem Spenderblut seiner zehnjährigen Schwester ihm das Leben gerettet hat. Eine interessante Meldung, die man aber auch rasch wieder vergißt.

Ich könnte sie aber auch mit emotionalen Elementen aufrüsten: Das Mädchen, das Cindy heißt, wurde während des Musikunterrichts aus ihrem Klassenzimmer geholt und in einer halsbrecherischen Fahrt durch die Stadt ins Krankenhaus gebracht. Dort erklärten die Eltern ihr, ihr Bruder Bobby könne nur durch eine Bluttransfusion gerettet werden, und sie sei die einzige, die die gleiche seltene Blutgruppe habe.

»Verstehst du das?« fragte ihre Mutter.

Cindy nickte. »Okay«, sagte sie mit ernster Miene.

Minutenlang lag sie auf einer Bahre neben ihrem Bruder und sah das Blut durch den Plastikschlauch von ihrer Armbeuge zu der ihres Bruders laufen. Dann stiegen ihr Tränen in die Augen.

»Tut's weh?« fragte ihre Mutter.

»Nein«, erwiderte das Mädchen, »ich frage mich nur ... wie lange es noch dauert, bis ich tot bin.«

Emotion ist das Medium der Künste. Der Schriftsteller kann Gefühle mit Zurückhaltung einsetzen, wie Hemingway in der Geschichte »Ein sauberes, gut beleuchtetes Café«, in der ein alter Mann, der einen mißlungenen Selbsttötungsversuch hinter sich hat, seinen natürlichen Tod erwartet; oder er kann sich der Emotion auf offensichtlichere, melodramatische Weise bedienen, wie Poe in »Die Maske des roten Todes«. In beiden Fällen aber zielen die Autoren auf eine emotionale Reaktion des Lesers ab.

In diesem Sinn hat sich Hemingway geäußert, als er in einem Interview gefragt wurde, was nach seiner Überzeugung das beste intellektuelle Training für einen jungen Autor sei. Er antwortete: »Sagen wir mal, er sollte nach draußen gehen und sich aufhängen, weil er erkannt hat, daß es äußerst schwierig ist, gut zu schreiben. Dann sollte man ihn in letzter Sekunde gnadenlos abschneiden und dazu zwingen, bis an sein seliges Ende so gut zu schreiben, wie er irgend vermag. Dann kann er wenigstens immer mit der Geschichte des Selbstmordversuchs beginnen.«

Im Grunde hat Hemingway damit sagen wollen, daß nicht hohes intellektuelles Niveau den guten Autor ausmacht, sondern Emotion und Leidenschaft. Das ist es, worüber wir schreiben.

Mit Bezug auf den dramatischen Roman hat Robert Louis Stevenson gesagt:

Manche glauben, das Drama bestehe aus Ereignissen und Episoden. Es besteht aber aus Leidenschaft, die dem Autor eine Möglichkeit eröffnet. ... Ein gutes ernstes Theaterstück (man beachte, daß Stevenson den dramatischen Roman hier mit dem Theater gleichsetzt. R. B.) muß deshalb auf einem der Probleme des Lebens ruhen, bei dem Pflicht und Neigung edel miteinander ringen; das trifft auch auf den von mir aus eben dem Grunde so genannten dramatischen Roman zu. ...

Leidenschaft ist das A und O, die Handlung und die Lösung, der Held und der *Deus ex machina* in einem. Es ist uns gleichgültig, wie die einzelnen Charaktere auf die Bühne kommen; doch ehe sie sie wieder verlassen, muß Leidenschaft sie verändert haben, müssen sie über sich hinausgewachsen sein. Allein darauf kommt es an. Es mag zur Absicht des Autors gehören, einen kompletten, vielschichtigen Charakter bis in die letzten Einzelheiten zu zeichnen und dann zuzusehen, wie er sich im Hochofen der Emotion verändert und endlich schmilzt. Das aber ist keine Vorschrift; nette Charakterzeichnung wird nicht verlangt, und wir sind durchaus bereit, abstraktere Charaktere zu akzeptieren, solange sie starke und ehrliche Gemütsbewegung erkennen lassen. Ein Roman dieser Art kann sogar groß sein und dennoch keine einzige individuelle Gestalt enthalten. Er kann groß sein, weil er das Wirken verwirrter Herzen und die unpersönlichen Äußerungen der Leidenschaft erkennen läßt. Und wenn wir es mit einem zweitrangigen Autor zu tun haben, ist so ein Roman vermutlich noch eher groß, wenn das Thema auf diese Weise eingegrenzt worden ist und der Autor sich mit ganzer Kraft allein auf die Leidenschaft konzentriert.

Das soll nun nicht heißen, daß es nicht auch hervorragende Erzählungen gibt, die sich durch Hintergrund, Ausführlichkeit oder Charaktere auszeichnen. Dennoch gilt festzuhalten, daß es vor allem die Emotionen sind, die den Leser packen und solchen Werken ihre Wirksamkeit verleihen. »Wenn Leidenschaften in ihrer ganzen Größe in die Kunst eingebracht werden«, sagt Stevenson, »dann wollen wir sie nicht verwirrt und hilflos sich mühend wie im Alltag erleben, sondern sich erhebend über Umstände und Zufälle, ein wirksamer Ersatz für das waltende Schicksal.«

Thomas Mann läßt seinen Mynheer Peeperkorn in *Der Zauberberg* etwas Ähnliches sagen:

Ich wiederhole: daher unsere Verpflichtung, unsere *religiöse* Verpflichtung zum Gefühl. Unser Gefühl, verstehen Sie, ist die Manneskraft, die das Leben weckt. Das Leben schlummert. Es will geweckt sein zur trunkenen Hochzeit mit dem göttlichen Gefühl. Denn das Gefühl, junger Mann, ist göttlich. Der Mensch ist göttlich, sofern er fühlt. Er ist das Gefühl Gottes. Gott schuf ihn, um durch ihn zu fühlen. Der Mensch ist nichts als das Organ, durch das Gott seine Hochzeit mit dem erweckten und berauschten Leben vollzieht. Versagt er im Gefühl, so bricht Gottesschande herein, es ist die Niederlage von Gottes Manneskraft, eine kosmische Katastrophe, ein unausdenkbares Entsetzen ...

Nun gut, im gedachten Theater, im Theater der Phantasie, nutzt der Dramatiker das unterhaltende Element, um seine schöpferische Absicht zu verwirklichen, und die Unterhaltung wiederum erreicht er dadurch, daß er im Leser eine emotionale Reaktion auslöst. Ob es nun der Schrecken einer Horrorstory ist, der bittersüße Kummer in *Love Story*, Mut und Stolz von Scarlett O'Hara in *Vom Winde verweht* oder die kurze Leidenschaft von Hemingways Francis Macomber – stets wählt der Dramatiker eine logische Entwicklung, welche *die beste Gelegenheit bietet, Emotionen Ausdruck zu verleihen*. Der Prosadramatiker will nicht, daß sein Leser sagt: »Das *denke* ich mir dabei«, sondern: »Das *fühle* ich dabei«.

Wirkliche Gefühle kommen von wirklichen Menschen – von Charakteren –, und woher die kommen, darüber werden wir später reden. Jetzt interessiert uns erst einmal die Arbeit des Dramatikers. Der muß nämlich nicht entscheiden, wer die Charaktere *sind*, sondern was sie *tun* und was sie *fühlen*. Gelingt ihm das nicht, ist er gescheitert.

Sie sollten auf jeden Fall die *Konfrontation* suchen – mit den Umständen und untereinander – und auf diese Konfrontationen, auf diese Konflikte, mit den Emotionen reagieren, die uns allen eigen sind. Das klingt einfach, erweist sich aber vor allem für Neulinge häufig als praktisch unmöglich. »Allzu viele Autoren«, sagt Irving Wallace, »werden eine schwierige Szene, so obligatorisch sie auch sein mag, zu vermeiden suchen und werden um sie herum statt in sie hinein schreiben, weil sie fürchten, daß ihnen Vorstellungskraft und handwerkliches Können fehlen, die zur Bewältigung einer solchen Szene nötig sind. Dieser Umweg über Erläuterungen, Vergangenheitsform oder Zusammenfassung als Ersatz für das Wagnis, eine entscheidende Konfrontation zu dramatisieren oder durchzuspielen, wird von einem Autor womöglich ganz und gar unbewußt eingeschlagen. Doch sobald er diese Furcht erkannt und seine Arbeit ihn so völlig in Besitz genommen hat, daß sie ihn in die tiefste Hölle stürzt – dann hat er eine Chance, seinem Talent und seinen Möglichkeiten gerecht zu werden.«

Der Konflikt kann so subtil sein wie in einem Pinter-Stück oder so grandios und detailliert wie die Schlacht bei Borodino in *Krieg und Frieden*. Das Typische am gefühlserregenden Konflikt geht Hand in Hand mit dem Leuchtfeuer schöpferischer Absicht. Im Idealfall sieht der Dramatiker alles in der Zusammenschau: die Höhen und Tiefen des dramatischen Konflikts im Verlauf der logischen Entfaltung des Werkes; die breite Zeichnung der Charaktere, die jene Konflikte am eindringlichsten verdeutlichen, und schließlich den Punkt, an dem die Geschichte nicht wirklich, sondern *emotional* beginnt und endet.

Der Schluß

Die Erzählungen, die am besten gefallen (und die ich am liebsten schreibe), hören direkt mit dem Höhepunkt auf oder ganz nahe dabei – genau dort, wo die Geschichte zu einer Lösung kommt. In meiner Short story »Another Time or Place« sieht der Neuntkläßler Robbie Walker mit an, wie sein bester Freund auf einem Motorrad davonfährt und aus seinem Leben verschwindet, und er findet endlich den Mut, ihm nachzurufen: »Ich liebe dich, Crusher!« So endet die Story. In einer anderen, sie heißt »Through a Glass Darkly«, wird dem kleinen Michael Reemer klar, daß auch er eines

Tages wird sterben müssen. Sein Entsetzen überwindend, bemüht er sich um einen Hauch von Unsterblichkeit, indem er aufschreibt: »Es war einmal ein Junge namens Michael Reemer...« Und so endet diese Story. O'Henry und viele andere haben ihre Geschichten in dem Augenblick aufhören lassen, in dem der Konflikt gelöst ist – auf dem Höhepunkt.

Viele große Erzählungen dagegen gehen nach dem Höhepunkt weiter, weil der Autor einzelne Handlungsstränge noch miteinander verknüpfen will. Wie er es letztendlich damit hält, entscheidet ein Schriftsteller je nach Material und künstlerischer Absicht. Die Standardfrage wird immer sein: Funktioniert es? Hinterläßt es beim Autor und beim Leser ein Gefühl der Zufriedenheit, der Erfüllung? *Klappt es?* Halten Anfang, Mittelteil und Schluß als eine vollständige Einheit zusammen?

Bevor ein Autor zu schreiben beginnt, muß er eine Skizze anfertigen, grob, aber glasklar. Er muß sagen können: »Darum geht es. Wir werden das Stück an diesem Punkt beginnen, dazwischen diesen oder jenen Emotionen oder Konflikte hervorrufenden Höhepunkt angehen, diese Lösung anbieten und auf jene Art zum Schluß kommen.« Wenn der Autor nicht schludrig ist und seine Arbeit gewissenhaft tut, wird womöglich zu Literatur, was vielleicht bloß als eine Erinnerung an ein moralisches Dilemma aus Kindertagen, als der Blick eines Fremden im Vorübergehen, als ein im Fahrstuhl aufgeschnapptes Wort oder als kurze Zeitungsmeldung begonnen hat.

Doch ohne Disziplin läßt sich das nicht erreichen. Disziplin treibt den erfahrenen Autor dazu, die meiste Arbeit zu investieren, *bevor* er das erste Wort zu Papier bringt. So ist

denn auch das Schreiben selbst nur selten der schwierigste
Aspekt der Arbeit eines Schriftstellers. Wie wir noch sehen
werden, entwickelt sich das eigentliche Schreiben häufig
recht glatt, wenn erst einmal die Eckpfeiler gesetzt sind. Der
Autor-als-Dramatiker muß die wirklich harte Arbeit schon
im Vorfeld leisten. Wer ernsthaft schreiben will, muß unbedingt den Drang zügeln, alle Fesseln abzustreifen und
sich kopfüber in die Arbeit zu stürzen. *Kunst ist das Produkt
von Disziplin*; einer Disziplin, die manchmal so fordernd und
unerbittlich ist, daß sie den Künstler verändert und auf
seiner Persönlichkeit so etwas wie Narben hinterläßt. Das
ist der Schmerz, von dem Sie gewiß schon einmal gelesen
haben, die Plackerei mit dem schöpferischen Prozeß. Solche
Geburtswehen sind kein Mythos. Es ist nur so, daß die meisten Amateure sie noch nicht durchlitten haben; womit der
Status des Amateurs zu einem großen Teil erklärt wäre.

3
Die Erzählstimme

Zu Beginn von Thornton Wilders Schauspiel *Unsere kleine Stadt* trägt der Spielleiter einen Tisch und ein paar Stühle auf die leere Bühne. Einen Augenblick lang schaut er ins Publikum und sagt dann: »Dieses Stück heißt *Unsere kleine Stadt* … Der Name der kleinen Stadt ist Grover's Corners im Staat New Hampshire …« Obwohl der Mann nicht zur Geschichte gehört, die das Stück erzählt, tritt er immer wieder als Erzähler auf, lenkt unsere Aufmerksamkeit auf bestimmte Dinge, erklärt und interpretiert. Und wenn er, am Schluß des dritten Aktes, das Stück beschließt, seine Uhr aufzieht und sagt: »Sie müssen sich jetzt auch ausruhen. Gute Nacht«, wird uns klar, daß dieses Stück über George und Emily, ihre Eltern, Verwandten und Nachbarn, von Anfang bis Ende des *Spielleiters* Stück war. Wir haben es mit seinen Augen und nur mit seinen Augen gesehen.

Jeder erfahrene Schriftsteller erzählt, bewußt oder nicht, seine Geschichte durch einen »Spielleiter«, der nicht weniger fiktiv ist als eine Romanfigur. Viele Anfänger schlagen sich mit der Frage herum, was ihr eigener Stil, ihre singuläre Stimme sei. Aber das ist eine eher rhetorische, eigentlich bedeutungslose Frage. Denn der Autor – als *er selbst* – wird die Geschichte jedenfalls nicht erzählen. Wenn Sie das gleich zu Anfang erkennen, wird es Ihnen als Autor eine gewaltige Last von den Schultern nehmen; besonders dann, wenn Sie noch nicht viel Erfahrung mit Erzählstimme, Erzählperspektive und Erzählhaltung haben.

Wer mit den Techniken des nichtfiktionalen Schreibens nicht vertraut ist, wird vielleicht zu seiner Überraschung erkennen, daß auch Zeitungsartikel, Essays, Sachbücher und sogar Briefe in der Stimme einer fiktionalen Figur oder eines Spielleiters geschrieben werden. Das ist ein so wichtiger und zugleich sehr subtiler und schwer zu fassender Punkt, daß ich mir die Diskussion für einen späteren Zeitpunkt vorbehalten will. Jetzt werde ich erst einmal Beispiele aus der Belletristik anführen. Hier also sind die am häufigsten eingesetzten Erzählstimmen:

1. *Teilnehmender Erzähler in der ersten Person.* Wenn der Ich-Erzähler, Mike Hammer, beschreibt, wie er in einem Kugelhagel durch eine offene Tür stürmt, wird niemand ernsthaft glauben, daß der Autor, Mickey Spillane, einst unter dem Pseudonym Mike Hammer als Privatdetektiv gearbeitet hat und nun eine wahre Begebenheit aus seinem Leben erzählt. Die Erzählstimme gehört offensichtlich einer fiktionalen Gestalt, einem Spielleiter, der zugleich teilnehmender Held ist und uns seine Geschichte erzählt. Vom wirklichen Autor hören wir kein Sterbenswörtchen.

In der Literatur finden wir viele solcher Beispiele, darunter Henry James' *Schraubendrehungen* und Edgar Allan Poes »Tell-Tale Heart«. Das Mittel ist sehr wirkungsvoll, wenn der Autor den Leser täuschen oder in die Irre führen will.

Ein teilnehmender Erzähler kann völlig übergeschnappt sein oder auch listig wie ein Trickbetrüger.

Man beachte die sanfte, geradezu samtene Art der folgenden Erzählstimme aus *A Walk in the Spring Rain* von Rachel Maddux. Darin kommen eine Frau von Mitte fünfzig, ein etwa gleichaltriger Mann und eine Ziege vor. Erzähler ist nicht Maddux, sondern die erfundene Frau. Jede andere Erzählperspektive hätte die Geschichte hoffnungslos sentimental gemacht.

›Oh, sie (die Ziegen) sind wunderschön‹, sagte ich. ›Ich kann mich nicht erinnern, jemals zuvor etwas so Befriedigendes erlebt zu haben.‹ Und von einem starken Gefühl von Liebe übermannt, drückte ich die Braune an mich und küßte sie.

›Ich nehme an, Sie haben ein Wort dafür‹, sagte er.

›Ein Wort wofür?‹

›Dafür, wie Sie die Ziegen gern haben‹, erwiderte er. ›Für die sanfte Hand.‹

›Oh, Zärtlichkeit vermutlich‹, sagte ich, und vom Überfluß dieser Zärtlichkeit, die ich in mir wußte, schienen mir plötzlich die Augen zu brennen. Ich besaß soviel davon, daß ich sie über wildfremde Menschen ausgegossen hätte, wäre da nicht das Bewußtsein, daß sie die Polizei rufen oder sich voll Furcht von mir abwenden würden. In den letzten Jahren ist diese schreckliche Flut in mir ständig gestiegen. Auf Bahnhöfen ist es am schlimmsten, glaube ich. Dort sehen die Menschen so müde, so verloren aus. Oh, ist es nicht traurig, daß es in unserer Welt so schwierig ist, Zärtlichkeit zu erfahren? Die Menschen haben sie weiß Gott nötig. Die Gesichter junger Männer lassen häufig erkennen, wie sehr es sie nach Zärtlichkeit verlangt. Doch leider wollen sie sie alle von Marilyn Monroe.

2. *Beobachtender Erzähler in der ersten Person.* Hier haben wir
es mit einem passiven, unbeteiligten Erzähler zu tun. Er gehört zur Geschichte, steht aber nicht im Zentrum der Handlung, und manchmal gibt er sie lediglich aus seiner eigenen
Perspektive wieder. Nick Caraway ist ein vergleichsweise
wenig involvierter Charakter in F. Scott Fitzgeralds Roman
Der große Gatsby, aber durch Nicks Augen kann Fitzgerald
zu Leben und Wertvorstellungen seines Helden Jay Gatsby
moralische Betrachtungen anstellen, die bei einem allwissenden Ich-Erzähler bloß belehrend wirken würden.

Eudora Welty erzielt häufig große Wirkung durch den
unbeteiligten, passiven Ich-Erzähler, weil sie ein besonders
gutes Ohr für den Slang der amerikanischen Südstaaten hat,
und es bereitet ihr offenbar großes Vergnügen, ihn wiederzugeben. In ihrem Roman *The Ponder Heart* rät die Erzähle-
rin Edna Earle Ponder dem Leser: »Und hören Sie – wenn
Sie lesen, werden Sie sich nur die Augen verderben. Lassen
Sie uns einfach reden.« Und wenn auch die Geschichte, die
Edna Earle dann erzählt, nicht sonderlich bedeutend ist, ist
die Art, wie sie sie erzählt, äußerst amüsant.

Der unbeteiligte Ich-Erzähler wird für gewöhnlich eingeführt, wenn es gilt, eine *begrenzte Perspektive* zu etablieren
oder *Intensität* zu schaffen. Doch so ein Erzähler kann ebensogut *Distanz* schaffen, je nachdem, was der Erzähler selbst
sieht und weiß. Aus diesem Grund hat Thomas Mann die
Figur des Serenus Zeitblom dazu benutzt, über den Roman
Doktor Faustus zu berichten. Mann merkt dazu an, seinen
Tagebuchaufzeichnungen von damals könne er nicht ent-
nehmen

zu welchem Zeitpunkt ich den Beschluß faßte, das Medium des ›Freundes‹ zwischen mich und den Gegenstand zu schalten, also das Leben Adrian Leverkühns nicht selbst zu erzählen, sondern es erzählen zu lassen, folglich keinen Roman, sondern eine Biographie mit allen Charakteristiken einer solchen zu schreiben. ... Und überdies war die Maßnahme bitter notwendig, um eine gewisse Durchheiterung des düsteren Stoffes zu erzielen und mir selbst, wie dem Leser, seine Erschrecknisse erträglich zu machen. Das Dämonische durch ein exemplarisch undämonisches Mittel gehen zu lassen, eine humanistisch fromme und schlichte, liebend verschreckte Seele mit seiner Darstellung zu beauftragen, war an sich eine komische Idee. ...

Was ich durch die Einschaltung des Narrators gewann, war aber vor allem die Möglichkeit, die Erzählung auf doppelter Zeitebene spielen zu lassen, die Erlebnisse, welche den Schreibenden erschüttern, während er schreibt, polyphon mit denen zu verschränken, von denen er berichtet, also daß sich das Zittern seiner Hand aus den Vibrationen ferner Bombeneinschläge und aus inneren Schrecknissen zweideutig und auch wieder eindeutig erklärt.

3. *Externer Erzähler in der dritten Person.* Hier bleibt der Spielleiter im Schatten. Er spricht nie in der ersten Person, und doch wird deutlich, daß es sich um einen Charakter mit klar umrissener Persönlichkeit handelt.

Gehen wir noch einmal zu Bernard Malamuds »The Jewbird« zurück. Hier haben wir es mit einem Erzähler mit persönlicher Ausstrahlung zu tun. Das bringt der Geschichte gleichsam eine zusätzliche Farbschicht ein. Weit wichtiger aber ist, daß dieser Kunstgriff Interpretation, Perspektive und einen ganz bestimmten Tonfall möglich macht. Es ist im

Grunde eine tragische Geschichte über jene modernen Juden, die ihr historisches und religiöses Erbe leugnen und damit zugleich zerstören; eine Haltung, die Malamud als antisemitisch versteht. In der Erzählung töten Juden den »Judenvogel«. Hätte der Autor das auf objektive und grell realistische Weise erzählt, wäre vermutlich ein Traktat oder eine Predigt dabei herausgekommen. Hier dagegen, durchsetzt mit dem Humor eines Erzählers, der in der dritten Person erzählt und nur berichtet, was er beobachtet, bleibt die Geschichte zwar immer noch eindringlich, wirkt aber ausgewogen und angenehm.

Wer, außerhalb des Geschehens stehend, in der dritten Person erzählt, der erzählt die Geschichte eines anderen auf dem Umweg über die *normale* Sinneswahrnehmung. Das gilt es bis zum Schluß durchzuhalten. Der Erzähler kann nicht von außen beobachten und im ersten bis zum fünften Kapitel wiedergeben, was er *sieht* und *hört,* und dann im sechsten Kapitel plötzlich die *Gedanken* der Charaktere enthüllen. Das hieße, eine zweite Erzählstimme, einen zweiten Spielleiter einzuführen, und würde die erzählerische Harmonie zerbrechen und die Einheit der Geschichte zerstören. Es wäre fast so, als ließe man die obere Hälfte eines Bildes von Rembrandt und die untere von Van Gogh malen. Auch wenn beide Männer unsterbliche Künstler sind, wäre das Resultat im günstigsten Fall ein Kuriosum, mit Sicherheit aber kein Kunstwerk.

4. *Interner Erzähler in der dritten Person.* Wenn ein Er-Erzähler, der sogenannte personale Erzähler, aus der Geschichte heraus spricht, verschafft er sich einen Vorteil: Er kann die

Gedanken *einer* Figur prüfen und offenlegen. Das erlaubt ihm so etwas wie die Identifizierung mit der Hauptfigur und läßt damit zugleich keinen Zweifel an seinem Standpunkt. Deshalb ist *Vom Winde verweht* auch Scarlett O'Haras Geschichte und nicht die von Melanie, Ashley oder Rhett Butler. Wir kennen Scarletts geheimste Gedanken und wissen alles über sie: Wir kennen ihre Kleinlichkeit und Eitelkeit ebenso wie ihren Stolz und ihren Mut. Weil die Autorin Margaret Mitchell so hartnäckig am Standpunkt ihrer Heldin festgehalten hat, ist Scarlett zu einer der stärksten und am sorgfältigsten konzipierten und durchgehaltenen literarischen Gestalten geworden.

Im folgenden wird deutlich, was H. G. Wells durch die Einführung des internen Er-Erzählers in seinem Roman *Mr. Polly steigt aus* erreicht hat:

Unterdessen saß Mr. Polly auf dem Gatter und haßte seine ganze Lebenslage, wobei er zugleich über- und untertrieb. Er haßte Fishbourne, er haßte die Hauptstraße von Fishbourne, er haßte seinen Laden und seine Frau und seine Nachbarn – jeden einzelnen verfluchten Nachbarn – und er haßte mit unbeschreiblicher Bitterkeit sich selbst. ...
Er verstand Religion als das Aufsagen von mehr oder weniger unverständlichen und kaum zu merkenden Worten und Gott als ein unendliches Wesen in der Art eines Schulmeisters, der unendlich viele bekannte und unbekannte Regeln aufstellt, Regeln, deren Einhaltung stets unbarmherzig erzwungen wurde. Dieser Gott verfügte über eine unendliche Fähigkeit zu strafen und – das war das Entsetzlichste – grenzenlose Macht, die Menschen auszuspionieren. ...
Tief im Inneren von Mr. Polly, tief im Dunkel seines Unterbewußtseins regte sich wie bei einem Tier, das man mit ein-

geschlagenem Schädel für tot liegengelassen hat und das dennoch überlebt, die Überzeugung, daß es über und hinter den Dingen, die er lustig und ganz in Ordnung fand, Schönheit gab und Freude: daß es irgendwo – vielleicht in einen Zauberbann geschlagen, aber durchaus wirklich – körperliches und geistiges Wohlbefinden, Reinheit und Freiheit gab.

In mondlosen Winternächten schlich er ins Freie und blickte zu den Sternen auf und fand es anschließend schwer, seinem Vater zu erklären, wo er gewesen war.

Ein weiterer Vorteil, den ein interner Erzähler bietet: Seine Erkenntnisse sind eingeschränkt. Er weiß nicht alles, er sieht nicht alles. Er wohnt in Körper, Kopf und Gemüt einer einzigen Figur, und darüber hinaus weiß er nichts.

Manche Schriftsteller haben diesen Ansatz leicht variiert, indem sie ihrem Erzähler erlaubt haben, in der Gegend herumzuflitzen und die verschiedensten Beobachtungen zu machen: »Während Bern in seinem Krankenzimmer langsam genas und sich sagte, wieviel Glück er doch hatte, überlebt zu haben, ritt seine Freundin Amethyst mit Archie aus. Sie ritten durch Pollen verstreuendes trockenes Gras und mußten häufig niesen.« Bei dieser Variante kann der Erzähler alles und jeden allerorten nach eigenem Gutdünken frei beobachten – aber was die Gedanken angeht, hat er nur zu denen der Hauptfigur Zugang.

5. *Auktorialer oder allwissender Erzähler.* Der Variation, die ich gerade angesprochen habe, haftet etwas Irrationales an; beim Konzept des allwissenden Erzählers wird das sogar noch deutlicher. Das sollte den Autor, der nur amüsieren will, ebensowenig bekümmern wie den Leser, der sich lediglich amüsieren lassen will. Andererseits fühlt sich ein ernsthafter Schriftsteller womöglich unwohl mit einem allwissenden Erzähler, dem keine logischen Grenzen gesetzt sind. Wenn er sich in Marys Kopf schleicht, um herauszufinden, welches Motiv sie John unterstellt – warum sollte er sich da nicht einfach gleich in Johns Kopf einrichten, die Wahrheit herausfinden und die Spannung für den Leser auf Seite 3 statt auf Seite 303 auflösen? Und warum gerade diese Geschichte statt der vielen anderen, von denen der Erzähler in seiner Allwissenheit Kenntnis hat? Es gibt darauf keine rationale, sondern nur eine willkürliche Antwort, weil die innere Struktur eines Werkes kein eingrenzendes Gerüst bietet. Aus diesem Grund kann es sich in der Praxis als äußerst schwierig erweisen, Allwissenheit erfolgreich einzusetzen und auch durchzuhalten.

Dennoch lassen viele Anfänger unter den Belletristen, die sich noch nicht ernsthaft mit diesem Genre befaßt haben, ihre Geschichte gern von einem allwissenden Spielleiter erzählen. Zum einen, weil sie meinen, daß sie selbst es sind, die erzählen, was nun aber – und da muß ich mich wiederholen – niemals der Fall ist. Weil sie als Autoren ihrer Erzählung alles wissen, nehmen sie an, daß der Erzähler der Geschichte auch alles weiß. Zum anderen scheint für sie ein allwissender Erzähler alles einfacher zu machen. Ein Autor könnte dem Leser auf diese Weise noch die letzte Einzelheit erzählen. Da aber betreten wir vermintes Gelände.

Ich habe unlängst eine Kurzgeschichte gelesen, die wunderbar hätte sein können. Der Autor von »The Day Mr. Devil Died« ist James Peel, ein pensionierter Lehrer aus Allentown, Pennsylvania. Die Erzählung zeichnet sich durch eine angenehme, befriedigende Handlung aus, und ich glaube, ich habe noch nie zuvor einen so sorgfältig wiedergegebenen Dialekt aus dem nördlichen Louisiana gelesen. Doch der Autor erzählt uns, daß die Frauen im Mieder billige bunte Schwämmchen verstecken, mit denen sie sich gelegentlich den Schweiß vom Gesicht wischen – etwas, das nur Gott und die Frauen selbst wissen können, während wir den Damen ganz einfach dabei zusehen sollten, wie sie so einen Schwamm aus dem Ausschnitt holen und sich die schweißnasse Stirn abwischen. Allwissenheit erlaubt uns, tatsächlich *alles* zu wissen, und mit diesem Wissen ist immer die Versuchung da, auch alles mitzuteilen, statt zu beobachten – und zwar nur das zu beobachten, was wir auch sehen können. Es gibt bei der allwissenden Erzählung keinen logischen, aus der Geschichte heraus zu rechtfertigenden Grund zur Zurückhaltung. Die Entscheidungen müssen willkürlich gefällt werden, und ein Autor muß außerordentliche Selbstdisziplin üben, will er die nicht immer deutlich sichtbaren Grenzen nicht überschreiten, die er seiner Allwissenheit willkürlich gesetzt hat.

Francis L. Fugate schreibt in seinem Buch über den Erzählstandpunkt: »Der allwissende Standpunkt wird von Schriftstellern eingenommen, ehe sie es besser wissen. Er hat in den Romanen der Viktorianischen Zeit eine große Rolle gespielt, aber seit der Gänsekielzeit hat die Belletristik sich doch erheblich weiterentwickelt.«

6. *Des Autors »eigene« Stimme.* Und schließlich gibt es da noch das, was viele Schriftsteller als ihre ureigene Stimme, ihren persönlichen Stil ansehen, doch ich möchte noch einmal betonen (und im fünften Kapitel werde ich näher darauf eingehen), daß diese Vorstellung von Stil, allzu wörtlich genommen, zur Selbsttäuschung wird. Auch die schlichtesten Menschen sind komplex, und Schriftsteller sind höchst komplex und sprechen in *vielen* natürlichen Stimmen, wiewohl sie vielleicht nur eine bevorzugen, verfeinern und schärfen und populär machen. Ich möchte nun drei Beispiele vorstellen, die Sie vielleicht an Inhalt und Aussage erkennen werden; aber sie lassen sich auch sehr einfach an den unverwechselbaren Stimmen ihrer Autoren festmachen:

I.

Es war nur schade, daß ich nochmals die Gewißheit jener kritischen Minute des langen und breiten durchforschen und wieder erklären mußte, wie es da als eine Offenbarung über mich gekommen, das unfaßbare, von mir ertappte Einverständnis sei für beide Seiten etwas Alltägliches. Es war nur schade, daß ich, stammelnd, auseinandersetzen mußte, weshalb ich vor all dem Blendwerk auch nicht einmal im Zweifel gewesen sei, daß die kleine Flora unsere Besucherin sah ... so genau, wie ich jetzt Mrs. Grose sah, und daß sie – um so lebhafter, da sie ja sah, aber ohne sich irgend etwas anmerken zu lassen, mich wollte glauben machen, sie sehe nicht, und gleichzeitig herausbekommen, ob ich selbst etwas sähe!

II.

In diesem Buch wird man kein Wetter finden. Es ist der Versuch, ein Buch ganz ohne Wetter zu vollenden. Da derlei in der Belletristik noch nie zuvor versucht worden ist, mag es sich am Ende als Fehlschlag erweisen, doch für einen wagemutigen Menschen schien es der Mühe wert zu sein, und der Autor war gerade in der Stimmung dazu.

So mancher Leser, der eine Erzählung bis zum Ende hat lesen wollen, ist schon wegen ständiger wetterbedingter Unterbrechungen daran gehindert worden. Und nichts hält einen Autor so sehr auf, wie wenn er alle paar Seiten innehalten muß, weil es gilt, ein Theater ums Wetter zu machen. Womit bewiesen wäre, daß hartnäckige Störungen durch das Wetter für den Leser wie für den Autor gleichermaßen unerfreulich sind.

Natürlich ist das Wetter für die Schilderung menschlicher Erfahrungen nahezu unverzichtbar. Das sei eingeräumt. Doch dann sollte es zumindest dorthin versetzt werden, wo es nicht im Wege ist und den Erzählfluß nicht unterbricht. Und es sollte das tüchtigste Wetter sein, das es gibt; kein unwissendes Amateurwetter von schlechter Qualität. Wetter ist eine literarische Besonderheit, und keines Ungeübten Hand kann etwas Gutes daraus fertigen. Dem Verfasser dieser Zeilen stehen freilich nur ein paar unbedeutende, recht gewöhnliche Wetterarten zu Gebote, und selbst die beherrscht er nicht sonderlich gut. So schien es das Klügste zu sein, das für dieses Buch jeweils benötigte Wetter von ausgewiesenen Experten zu borgen, welche natürlich erwähnt und gebührend gewürdigt werden. Dieses Wetter findet sich, ein wenig abseits, weiter hinten im Buch. Siehe Anhang. Dort kann der geneigte Leser sich bedienen, wann immer er es für angebracht hält.

III.

Und vor mir liegt nun eine verträumte Viehweide mit einem guten alten hölzernen Gatter und einem Stacheldrahtzaun, und die Straße verläuft von rechts nach links, aber hier muß ich sie verlassen. Dann krieche ich unter dem Stacheldraht durch und stapfe einen hübschen kleinen Sandweg lang, der sich durch duftendes, trockenes Heidekraut schlängelt, als wäre ich geradewegs aus der Hölle in den bekannten alten Himmel-auf-Erden katapultiert worden, hoppla und Gottseidank (wenn mir auch im nächsten Moment schon wieder das Herz im Hals schlägt, weil ich vor mir im weißen Sand des Weges schwarze Dinger sehe, aber es sind nur Haufen von gutem altem Maultiermist im Himmel).

Ich habe diese Beispiele gewählt, weil sie für ihre Schöpfer sehr bezeichnend sind. Selbst wenn Sie die Textstellen nicht sogleich identifizieren können, so besteht doch gute Aussicht, daß Sie die Autoren anhand dessen identifizieren, was Sie über sie als Menschen wissen.

Beispiel I ist schwierig zu lesen und würde, schriebe er so, einem Collegestudenten im ersten Semester vermutlich eine schlechte Note einbringen, weil der Autor Klarheit und präzisen Ausdruck drangibt, um uns statt dessen mit seiner gelehrten Bildung zu beeindrucken. So hat in der Geschichte der Menschheit bisher womöglich nur ein einziger Mensch gesprochen: Henry James. Er war der Intellektuellste unter den Intellektuellen. Wir wissen das, weil er es uns zu wiederholten Malen mitgeteilt hat. Er hat fraglos große Literatur geschaffen, hat aber stets schwer daran gearbeitet, uns zu zeigen, daß er ganz Intellekt sei. Er ist mit dieser Passage aus *Schraubendrehungen* leicht zu identifizieren.

Aus Beispiel II spricht die Stimme eines geborenen Entertainers und Kommunikators. Die Sätze sind klar und exakt. Das Konzept hat etwas Komödiantisches. Das erwarten wir von Mark Twain, und es erscheint im Vorwort seines Romans *The American Claimant.*

In Beispiel III begegnet uns ein Erzähler von freiem Geist, der nicht die Disziplin besitzt, sich lange bei Rechtschreibung und Satzbau aufzuhalten. So wie er hier durch eine verträumte Wiesenlandschaft wandert, so wandert auch sein Stil, gelassen und ungebunden. Vielleicht haben wir den Autor schon als so etwas wie einen Vagabunden erkannt. Und damit lägen wir richtig, denn es handelt sich um Jack Kerouac, den Verfasser mehrerer Bücher, die den Geist der Beatnik-Hippie-Bewegung der 50er Jahre eingefangen haben und widerspiegeln. Dazu gehört *Gammler, Zen und Hohe Berge (The Dharma Bums),* aus dem unser Zitat stammt.

Das alles sind Beispiele für die natürliche Stimme eines Schriftstellers – für seinen Stil. Die meisten Anfänger kommen sich vor wie ein in rauher See treibender Holzklotz; da soll dann ihr persönlicher Stil so etwas wie ein Anker sein. Experten reden darüber, schreiben darüber, lesen darüber, aber – *es ist nichts dran.* (Ich sehe das vom Standpunkt des Autors, nicht von dem des Lesers.) Im Alltag zeigt Ihr Stil, wer Sie sind; *beim Schreiben zeigt Ihr Stil, wer Sie auf dem Papier sind.* Stil hat immer damit zu tun, wer Sie sind.

»Junge Autoren meinen häufig, Stil sei so etwas wie eine Garnierung für den Prosa-Braten«, heißt es bei William Strunk und E. B. White, »oder auch eine Sauce, die ein fades Gericht schmackhafter macht. Stil aber ist nicht von allem anderen losgelöst zu betrachten, ist nicht eigenständig und nicht herauszufiltern. Anfänger sollten sich dem Stil nur äußerst wachsam nähern und sich bewußt sein, daß sie selbst es sind, dem sie sich dabei nähern. Und sie sollten sich gleich zu Beginn entschieden von allem abwenden, was gemeinhin als Zeichen von Stil gilt: Manieriertheit, Tricks, schmückendes Beiwerk. Stil nähert man sich durch Klarheit, Einfachheit, Ordnung, Echtheit und Aufrichtigkeit.«

Nach meiner Erfahrung hat sich die folgende Beobachtung immer wieder bewahrheitet: Zaghafte Menschen schreiben zaghaft; leidenschaftliche Menschen schreiben leidenschaftlich und mit Kraft. Wenn ich lesen kann, was Sie geschrieben haben, kann ich Ihnen sagen, was für ein Mensch Sie sind. Wenn ich Sie kenne, kann ich umgekehrt sagen, wie Sie schreiben werden. Was Sie nicht sind und nicht in sich haben, können Sie auch nicht zu Papier bringen.

Tennessee Williams war überzeugt, die Stärke eines Autors sei eng mit seiner Sexualität und Potenz verwandt. Das gleiche, wenn auch ein wenig euphemistischer, hat Lady Wortley-Montagu von Henry Fielding behauptet: »Es tut mir leid, daß H. Fielding gestorben ist. Nicht nur, weil ich nun nichts mehr aus seiner Feder werde lesen können, sondern auch, weil ich glaube, daß er mehr verloren hat als andere; hat doch kein Mann das Leben mehr genossen als er, wiewohl kaum jemand anders weniger Grund dazu hatte, gilt es doch zu bedenken, daß er zu Lebzeiten nichts lieber tat, als in den Abgründen von Laster und Jammer herumzustochern. ... Sein glückliches Naturell (auch dann noch, als er es mit großer Mühe bereits zur Hälfte zerstört hatte) ließ ihn bei einer Wildpastete oder einer Flasche Champagner alles andere vergessen. Und ich bin überzeugt, daß er insgesamt mehr Glücksmomente erlebt hat als irgendein Fürst auf Erden.«

E. M. Forster tut Sir Walter Scott ab, indem er uns auffordert zu bedenken, »wie alle seine mühsam aufgetürmten Bergmassive, seine gefurchten Schluchten und seine säuberlich präparierten Klosterruinen darauf angelegt sind, Leidenschaft zu wecken, eine Leidenschaft, von der da weit und breit nichts zu finden ist. Hätte er Leidenschaft, er wäre ...

ein großer Schriftsteller. Aber er hat nur ein wohltemperiertes Herz, die Gefühle eines Gentleman und eine verstandesmäßige Neigung für das Landleben, und das ist keine ausreichende Basis für große Romane.«

Niemand hat es treffender formuliert als Somerset Maugham in *The Art of Fiction*. Nachdem er erklärt hat, welche Romane in englischer Sprache nach seiner Ansicht zu den zehn besten gehören, kommt er zu dem Schluß, daß ihre Autoren sich ohne Ausnahme durch ausgeprägte und außergewöhnliche Individualität auszeichnen: »Sie haben mit Leidenschaft geschrieben und besaßen kreativen Instinkt. Doch die Qualität, die all das zusammenbringt«, sagt Maugham, »ist *persönliche Ausstrahlung*. Gewiß, der schreibende Künstler braucht Intelligenz, aber doch eine eigentümliche und womöglich nicht einmal besonders hohe, und diese großen Autoren waren fraglos intelligent, aber sie waren nicht auffallend intellektuell. Und dann gibt es bei Gelegenheit ja auch noch Inspiration.«

Diese Schriftsteller unterscheiden sich von anderen durch die Leidenschaft ihrer Persönlichkeit. Maugham schreibt: »Mit Ausnahme von Emily Brontë und Dostojewski wäre man all diesen großen Schriftstellern vermutlich gern begegnet. Sie besaßen Vitalität, waren gute Gesellschafter, konnten hervorragend Konversation machen und beeindruckten jeden, der mit ihnen in Berührung kam, mit ihrem Charme. Sie wußten, wie man sich amüsiert und freuten sich an den angenehmen Dingen des Lebens … In der Natur (des Autors) liegt ein Überschwang, der ihn zur Darstellung treibt.«

Schriftsteller können nicht anders, sie müssen sich einfach zu erkennen geben – das Kunstwerk spiegelt immer Herz und

Seele seines Schöpfers wider. In seinen größten Werken gestand Michelangelo in stummer, wehmütiger Offenheit seine Liebe zum schönen männlichen Körper. Van Gogh weinte geradezu vor Hunger nach dem Sonnenlicht. Raffael lechzte nach der sanften, robusten Schönheit der Frauen.

Ein eigener Stil offenbart im Text, wer man ist. Das meinen große Autoren, wenn sie von Ehrlichkeit, Einfachheit und dem Verzicht auf alles Prätentiöse sprechen. Emily Dickinson war ebenso leidenschaftlich wie D. H. Lawrence. Sie hat sich vorsichtiger und feiner ausgedrückt, doch Leidenschaft ist dennoch in ihren Worten, ist dennoch zu spüren.

Das ist es, was Emily Dickinson *war*. Das ist ihr *Stil*, der Ausdruck dessen, was sie war, auf dem Papier. Stendhal war als Mensch impulsiv, fast ungestüm. Darin liegt einer der Schlüssel zu seinem Stil. André Gide meint:

> Stendhals großes Geheimnis, sein großartiger Kniff ist, *sofort* zu schreiben. Auf diese Weise bleibt der Gedanke, der ihn bewegt hat, so lebhaft, von so frischen Farben, wie der eben ausgeschlüpfte Schmetterling, den der Sammler beim Verlassen der Puppe überrascht. Daher das Lebendige, Impulsive, Unangemessene, Unvermittelte und Unverfälschte, das uns an seinem Stil immer von neuem entzückt. Man könnte sagen, sein Gedanke nimmt sich nicht einmal die Zeit, die Schuhe anzuziehen, ehe er davonläuft.

Stendhal hat einmal ein Buch mit übertrieben dargestellten Gedanken und Gefühlen als schrecklich schwülstig bezeichnet:

> Das ist nach meiner Ansicht der schlimmste Fehler, weil es der Fehler ist, der das Empfinden am stärksten abstumpft.

Man sollte nur schreiben, wenn man wichtige und zutiefst schöne Dinge mitzuteilen hat, doch dann muß man sie mit schlichtester Einfachheit vortragen, eben so, als wolle man sie unbemerkt an jemandem vorbeischmuggeln. Das ist das genaue Gegenteil dessen, was die Narren dieses Jahrhunderts tun, aber es ist das, wonach alle großen Menschen streben.

Thomas Hardy hat einmal erklärt, das Geheimnis eines lebendigen Stils liege darin, »nicht zuviel Stil zu haben. Man sollte hier und da sogar ein wenig sorglos sein oder zumindest den Eindruck erwecken, als sei man es.« Diese Natürlichkeit, die im Grunde nichts anderes ist, als daß man einfach und ungekünstelt man selbst ist, »haucht dem Geschriebenen wundervolles Leben ein.«

Künstler, die ihre Leidenschaften durchlebt haben, haben ehrlich darüber geschrieben. Sie haben nicht versucht, originell und subtil zu sein. Aber ihre Werke sind originell und subtil geworden, weil diese Künstler einzigartige und komplexe Persönlichkeiten waren. Mit Ausnahme von Flaubert haben sie nicht versucht, aus sich große Stilisten zu machen. Sie haben in dem, was sie als ihr natürliches Idiom angesehen haben mögen, einfach, offen und direkt geschrieben.

Nun glauben Sie aber bitte nicht, jeder Autor schreibe in seiner wahrhaft natürlichen Stimme. Und verschwenden Sie um Himmels willen keine Zeit damit, nach Ihrer eigenen zu suchen. Jeder kompetente Schriftsteller hat nämlich eine Unmenge von Stimmen zur Verfügung. Somerset Maugham, Autor von *Des Menschen Hörigkeit*, hat einmal gesagt: »Jeder Roman verlangt seinen ganz eigenen Stil...«

Die Stimme des Autors ändert sich auch innerhalb ein und desselben Buches, wenn er für verschiedene Charaktere

spricht – für junge und alte, schöne und häßliche, selbst-
bewußte und an sich selbst zweifelnde Figuren. Wie wir das
bewerkstelligen können? Etwa indem wir notieren, was wir
um uns herum beobachten, wie manche Lehrer uns das drin-
gend ans Herz legen? Nun, wenn es vermutlich auch nicht
sonderlich schadet, sich Notizen zu machen, so ist es doch
fraglos nicht der Schlüssel zu den vielen Stimmen des schreibenden Künstlers. Wer andere verstehen und Charaktere aus
Fleisch und Blut schaffen will, muß erst einmal sich selbst
verstehen. Emerson wußte, wovon er sprach, als er sagte: »Im
Herzen zu verstehen, daß für die ganze Menschheit wahr
ist, was für einen selbst wahr ist – das ist Genialität.« Saul
Bellow ist Herzog, er ist der Titelheld – und er ist auch all
die anderen. Margaret Mitchell ist Scarlett – und Melanie und
Ashley und ein nicht ganz so überzeugender Rhett. Das
nennt man Schauspielkunst, und wir werden uns im fünften
Kapitel noch damit befassen; doch zuvor müssen wir uns um
das Bühnenbild kümmern.

4
Beschreibung

Ein Student in einem meiner Schreibkurse, ein gescheiter junger Mann Mitte zwanzig, hat vor ein paar Jahren ein Begleitschreiben an eine Zeitschrift mit einer Anekdote begonnen. Normalerweise ist das eine gute Idee; kann man damit doch die Aufmerksamkeit eines Redakteurs erregen und zugleich seinen Themenvorschlag unterbreiten. Unglücklicherweise hat es in diesem Fall nicht funktioniert; und zwar deshalb nicht, weil die Anekdote die ganze erste Seite des zweiseitigen Briefes beansprucht hatte.

»Ich weiß nie, wieviel ich beschreiben soll«, gestand der Student.

»Wieviel Beschreibung ist genug?« werde ich häufig gefragt. Lassen Sie mich zur Beantwortung dieser Frage noch einmal unsere Metapher heranziehen: Literarische Kunst existiert im Theater der Phantasie des Lesers.

Wenn Sie also ein Theaterstück inszenieren und nicht bloß ein bißchen improvisieren wollen, werden Sie wenigstens ein paar Requisiten und einen Hintergrund brauchen. Das trifft auch auf gute Schriftstellerei zu – allerdings mit einem entscheidenden Unterschied: Der Schriftsteller will sein Bühnenbild nicht voll ausmalen, sondern lediglich skizzieren. Warum? Aus demselben Grund, aus dem viele Menschen häufig das Buch der Verfilmung vorziehen. Denn sie wollen nicht alles haarklein *erzählt* bekommen. Sie wollen am schöpferischen Prozeß *teilnehmen*. Deshalb lesen leidenschaftliche Leser lieber, als daß sie fernsehen. Auch sie wollen ihre Phantasie gebrauchen. Diese Tatsache wird sogar von Schriftstellern häufig nicht erkannt und angemessen berücksichtigt.

Nehmen wir einmal an, ich erzählte Ihnen von einer Frau, die ein eng anliegendes rotes Kleid und dazu passende hochhackige Schuhe trägt. Die Frau steht, eine Zigarette zwischen den Fingern, an einer Straßenecke. Würde es Ihnen schwerfallen, sie sich vorzustellen? Tatsächlich haben Sie schon alle möglichen Details eingefügt. Ich vermute, Sie haben eine Blondine aus ihr gemacht und ihr die Lippen knallrot geschminkt. Vielleicht haben Sie ihr ja auch rotes Haar gegeben. Warum sollte ein Autor – sofern die Haarfarbe für den Verlauf der Geschichte nicht von Bedeutung ist – Ihnen das Vergnügen der Co-Autorschaft nehmen, indem er darauf besteht, daß dort eine Brünette wartet?

Doch der Leser kann nur in begrenztem Umfang etwas beitragen, und das Wissen um diese Grenzen hilft einem Autor, sich zu entscheiden, wieviel Beschreibung nötig ist. Einem Leser sind Grenzen gezogen durch (1) seine Erfahrung, (2) seine Phantasie und (3) seine Geduld.

Die Erfahrung des Lesers

Wenn ich zum Beispiel schreibe, ein Vorhang sei aus *magentafarbenem* Satin, und die meisten Leser kennen diese Farbe nicht, dann sage ich eben nicht gerade viel damit. In diesem

Fall steht das Wort meiner schöpferischen Absicht im Wege. Der Leser wird auf das ihm unbekannte Wort aufmerksam gemacht und damit aus seinem Phantasieerlebnis herausgerissen. Das Bühnenbild – die Gesamtheit der Beschreibungen, die eine Geschichte in Zeit und Raum ansiedeln und einbinden – muß sich auf die Erfahrung des Lesers beziehen, wenn der es in seiner Phantasie zusammensetzen soll. Das heißt freilich nicht, daß der Leser jedes Wort kennen muß, das der Autor verwendet; im Gegenteil, ist doch ein Gewinn des Lesens auch der, daß man seinen Wortschatz vergrößert. Doch der Autor muß sich davor hüten, über die Erfahrung seiner Leser hinauszugehen und sie zu überfordern. Er muß sicherstellen, daß der Gesamtzusammenhang entweder die Bedeutung einzelner Begriffe erhellt oder aber bestimmte Details unwichtig macht.

James Joyces *Ulysses* ist ein schlagendes Beispiel für den mißlungenen Versuch, die Erfahrung des Lesers anzusprechen. Den folgenden Absatz aus seinem Roman hat Joyce selbst für Harriet Shaw Weaver verdolmetscht; hier der Abschnitt:

Unslow, malswift, pro mean, proh noblesse, Atrahora, Melancolores, nears; whos glaque eyes glitt bedimmd to imm! whose fingrings creep o'er skull: till, qwench! asterr mist calls estarr and grauw! honath John raves homes glowcoma.

Mit ein wenig Glück werden Sie die Bedeutung von *Melancolores* (Melancholie), *glitt* (Einblick), *mist calls, raves, homes* und *glowcoma* (Glaukom) erraten. Für den Rest besteht kaum Hoffnung. Joyces Erklärung zufolge bedeutet *unslow* nicht etwa »not slow« (nicht langsam), sondern »unvermeidlich«. *Atrahora* stammt aus dem Lateinischen und bedeutet »schwarze Stunde«; *asterr* ist (griechisch) Stern und *estarr* (deutsch) wohl »grauer Star«, ein Augenleiden. All das aber ist einfach keine Literatur, sondern ein brillant entworfenes Sprachpuzzle. Und obgleich *Ulysses* Passagen höchster literarischer Leistung enthält, ist doch nichts gewonnen, wenn wir nun wie die Menge im Märchen von des Kaisers neuen Kleidern wider den Augenschein brav Beifall klatschen. *Eine der Funktionen von Literatur ist zu kommunizieren*, und das kann nur im – auch sprachlichen – Erfahrungsrahmen des Lesers stattfinden.

Die Phantasie des Lesers

Das heißt nun nicht, daß die Beschreibung des Autors der Erfahrung des Lesers wortwörtlich entsprechen muß. Denn so, wie die Leser den Kontext eines unbekannten Begriffs und ihre eigene Vorstellungskraft benutzen können, um zu einer angemessenen Begriffsbestimmung zu gelangen, so können sie auch ihre Phantasie benutzen, um die Kluft zwischen der eigenen Erfahrung und der Beschreibung eines Autors zu überbrücken. Darum geht es bei der schöpferischen Kooperation von Autor und Leser. Doch damit dieser Prozeß erfolgreich abläuft, muß der Autor auf Erfahrungen aufbauen, die wir alle kennen oder schon einmal gemacht haben.

Anne Rice macht das sehr geschickt in *Interview With a Vampire*. Keiner von uns weiß von vornherein mit dem Blutdurst eines Vampirs etwas anzufangen. Uns fehlt die entsprechende Erfahrung. Deshalb läßt die Autorin dies einen Vampir in Worte fassen, die wir verstehen:

> Denn das kann ich Euch garantieren: Wenn Ihr heute nacht durch die Straßen geht und die Zähne in den Hals einer so reichen und schönen Frau wie Babette schlagt und ihr das Blut aussaugt, bis sie Euch zu Füßen sinkt, dann werdet Ihr Euch nicht länger nach dem Anblick ihres Profils im Kerzenlicht verzehren oder danach, unter dem offenen Fenster dem Wohlklang ihrer Stimme zu lauschen. Wie es Euch bestimmt ist, Louis, werdet Ihr mit soviel Leben angefüllt sein, wie Ihr nur irgend halten könnt. Und wenn das vergangen ist, werdet Ihr Hunger nach mehr davon verspüren, nach mehr und immer noch mehr…

Hier ist von erfüllter höchster Lust die Rede. Das können wir nachvollziehen. Und hier geht es um Macht: »Ihr werdet den Tod in all seiner Schönheit sehen und das Leben, wie man es nur im Augenblick des Todes kennt … Ihr … ganz allein … bei Mondaufgang… könnt zuschlagen wie die Hand Gottes!«

Der Schriftsteller hat die Pflicht, dem Leser etwas anzubieten, an dem seine Phantasie wachsen kann. Wieviel das sein muß, hängt von Vorbildung und Erfahrung derer ab, die er sich als seine Leser vorstellt.

Hier ein Beispiel aus der Apostelgeschichte; Stephanus predigt zum Volk und sagt:

> ›Ihr Halsstarrigen und Unbeschnittenen an Herz und Ohren! Gleichwie eure Väter, so widerstrebt auch ihr dem Heiligen Geiste. Wo war ein Prophet, den eure Väter nicht verfolgt hätten?…‹

Als sie das vernahmen, packte sie die Wut, und sie knirschten mit den Zähnen wider ihn. Er aber, voll des Heiligen Geistes, blickte zum Himmel auf, sah die Herrlichkeit Gottes und Jesus zur Rechten Gottes stehen und sprach: ›Seht, ich sehe die Himmel offen und den Menschensohn zur Rechten Gottes stehen.‹

Da schrien sie laut auf, hielten sich die Ohren zu und stürmten alle miteinander auf ihn los, stießen ihn zur Stadt hinaus und steinigten ihn. Die Zeugen legten ihre Kleider zu den Füßen eines jungen Mannes nieder, der Saulus hieß.

Wie sollen wir uns diese Szene vorstellen, wenn der Autor uns jegliche Beschreibung vorenthält und kein einziges Möbelstück oder Requisit auf die Bühne gestellt hat? Nun, durch die schöpferische Kooperation von Leser und Autor! Irgendwann im Leben sind wir schon einmal einem Stephanus begegnet. Er ist jung und leidenschaftlich, intelligent, gläubig und ein wenig naiv. Er hat blondes Haar und blaue Augen und trägt ein braunes Gewand. Oder aber er ist ein erst unlängst bekehrter Zweifler. Aus seinen Worten spricht weniger Optimismus als Bitterkeit. Sein schwarzes Haar steht in Kontrast zu seinem schlichten weißen Gewand. Wenn auch jedem von uns ein anderer Stephanus vorschweben mag, so können wir uns doch alle in unserer Phantasie ein Bild von seinem Aussehen machen.

Die Geduld des Lesers

Niemand sollte zuerst eine gelehrte Abhandlung lesen müssen, damit er ein Gemälde verstehen kann, oder einen Volkshochschulkurs belegen, damit er lernt, an einem bestimmten Roman Gefallen zu finden. Die besten Autoren stellen durchaus keine hohen Anforderungen an ihre Leser. Sie sind nicht selbstsüchtig. So ernst sie ihre Kunst auch nehmen mögen, so wissen sie doch, daß der Leser für seinen Platz im Phantasietheater bezahlt und Anspruch auf eine gefällige Vorstellung hat und man ihm nicht etwa eine öde, langweilige Geduldsprobe zumuten darf.

Wir alle haben sicher schon Beschreibungen gelesen, die überladen, zu detailliert und weitschweifig, eben langweilig waren. Selbst bedeutende Schriftsteller verfangen sich in diesem Netz, malen unnötig aufwendige Kulissen und Hintergründe und rümpeln ihre Bühne mit nicht benötigten Möbeln voll; – in den Werken früherer Jahrhunderte noch häufiger als in zeitgenössischen. Henry James hat das erkannt und auf seine wortreiche Art davor gewarnt, doch niemand hat es treffender formuliert als die amerikanische Schriftstellerin Willa Cather: »Der Roman als Gattung wird schon seit geraumer Zeit gleichsam übermöbliert. Der Requisiteur hat sich auf den Buchseiten so geschäftig getummelt, die Bedeutung von Gegenständen und deren lebendige Darstellung ist so sehr in den Vordergrund gerückt, daß jeder aufmerksame Beobachter, der des Englischen mächtig ist, auch einen Roman schreiben kann...«

Cather bezweifelt, daß derlei detaillierte Beschreibungen in der Kunst der schöpferischen Phantasie etwas zu suchen haben, und sie kritisiert besonders Balzac, wenn sie sagt: »Auf dem Papier die Stadt Paris zu reproduzieren; die Gebäude, die weichen Polster, die Speisen, die Weine; dazu das Spiel des Vergnügens, des Geschäfts, der Finanzen – all das ist ein gewaltiges Vorhaben, ist aber letzten Endes eines Künstlers nicht würdig.«

Der erfahrene Schriftsteller produziert keinen Schnappschuß des Lebens. Der Schnappschuß enthält alles, und
dieses *Alles* lenkt vom *besonderen Etwas* ab, das untersucht
werden soll. Literatur, sei es nun ein Sachbuch oder ein
Roman, ist keine fotografisch genaue Wiedergabe der Wirklichkeit, sondern die *Vereinfachung* und *Erklärung* eines bestimmten Aspekts der Wirklichkeit. Dabei werden Einzelheiten des Hintergrunds verwischt und der Wirrwarr und
die Ablenkungen des realen Alltags übermalt und abgedeckt,
damit das, worauf die Aufmerksamkeit gerichtet werden soll,
um so deutlicher hervortritt. Für den Einschluß von Material – seien es Hintergrund, Mobiliar oder Requisiten – gilt
der folgende Grundsatz: Es kommt nicht darauf an, daß es
richtig, »naturgetreu« oder interessant ist, sondern einzig
darauf, daß es zur Verwirklichung der schöpferischen Absicht
beiträgt.

Cather schließt mit der Feststellung:

Wie wunderbar wäre es, wenn wir das ganze Mobiliar zum
Fenster hinauswerfen könnten und mit ihm all die sinn-
losen Wiederholungen von Sinneswahrnehmungen, all die er-
müdenden alten Muster, damit der Raum so leer bleibt, wie
die Bühne im klassischen griechischen Theater oder wie das
Haus, in dem an jenem herrlichen Pfingsttag der Heilige
Geist über die Jünger Jesu gekommen ist. Auf der Szene sollte
Raum sein für das Spiel der Gefühle, die großen wie die
kleinen, denn das Ammenmärchen wird von geschmackloser
Fülle ebenso abgewürgt wie die Tragödie.
Alexandre Dumas der Ältere hat ein großes Prinzip formuliert, als er gesagt hat, für ein Drama brauche ein Autor ledig-
lich eine Leidenschaft und vier Wände.

Der Schriftsteller muß sich immer fragen: *Ist diese Beschreibung nötig?* Wenn ja, muß er weiter fragen: *Wieviel ist nötig?* Man muß zum Beispiel nicht seitenlang erzählen, daß ein junger Mann den Ehrgeiz hat, in die oberste Gesellschaftsschicht aufzusteigen, daß er sicher sei, es zu schaffen, und daß er fest davon überzeugt sei, daß es die Mühe lohnt. Es genügt, das alles in einem einzigen Absatz abzuhandeln, wie F. Scott Fitzgerald es in *Der große Gatsby* tut:

Wenn allerdings Persönlichkeit nur eine ununterbrochene Kette großartiger Gesten ist, dann ging von ihm etwas Strahlendes aus, eine hochgradige Empfindlichkeit für die Verheißungen des Lebens, als hätte er Kontakt mit einem jener verzwickten Instrumente, die auf zehntausend Meilen ein Erdbeben registrieren. ... – es war eine ungewöhnliche Begabung, immer etwas zu erhoffen, eine romantische Bereitschaft, wie ich sie bei keinem Menschen sonst gefunden habe und wohl nie wieder finden werde.

Ganze Bücher sind auf nahezu leerer Bühne aufgeführt worden. Wieviel hat Hemingway uns über den Fischer in *Der alte Mann und das Meer* erzählt? Was hatte Hawthorne in *Der scharlachrote Buchstabe* über Hester Prynnes Welt zu sagen? Wir erfahren sehr wenig über die Hauptcharaktere vieler moderner Short stories – und doch glauben wir, sie genau zu kennen. Ein gutes Beispiel dafür ist Sammy in John Updikes Short story »A & P«. Wenn wir sie ein zweites Mal lesen, erkennen wir zu unserer Überraschung, wie wenig das Bild, das wir uns von Sammy machen, von Updike geprägt ist. Das meiste tun wir selbst dazu.

Jeder Leser bringt zu dem, was er liest, seine eigene Sichtweise, seine eigenen Erfahrungen mit, und der erfahrene

Autor versteht in aller Bescheidenheit, daß er nichts von dem, was er schafft, allein beendet, sondern daß er die Vollendung immer seinen Lesern verdankt. Und diese Leser wollen am gemeinsamen schöpferischen Prozeß teilhaben.

Kreativität ist dem Menschen mitgegeben, und die meisten von uns hungern danach, sich schöpferisch zu betätigen, ganz gleich, welcher Gesellschaftsschicht einer angehört. Massenunterhaltung bietet freilich wenig Gelegenheit zu dieser besonderen Teilhabe. Alles kommt fertig auf uns zu, wird uns serviert, erklärt und beschrieben, während wir in der Rolle des passiven Zuschauers verharren. Gute Literatur dagegen bietet eine Alternative; sie verlangt, daß wir uns einbringen und von der natürlichen Gabe unserer Phantasie Gebrauch machen.

Die besten Autoren verstehen das. Anton Tschechow zufolge sollten »Naturbeschreibungen sehr kurz und eher beiläufig sein. Platitüden wie ›die untergehende Sonne, die sich in den von Gold und Purpur übergossenen, langsam dunkler werdenden Wogen badete‹ et cetera … sollten uns erspart bleiben.« Der Leser will solche Details selbst liefern. Dazu benötigt er nichts weiter, als den richtigen Hinweis vom Autor, und Tschechow zeigt, wie das aussehen könnte: »Bei Naturbeschreibungen muß man nach winzigen Details haschen und sie schließlich so zusammenfügen, daß man das Bild nach der Lektüre mit geschlossenen Augen abrufen kann.

Sie werden zum Beispiel eine Mondnacht erhalten, wenn Sie schreiben, daß an der Böschung eines Mühlbaches eine Glasscherbe aufblitzt wie ein kleiner heller Stern und der schwarze Schatten eines Hundes oder Wolfs vorbeirollt wie ein Ball – und so weiter.«

Nun zwei Beispiele für eine gute Beschreibung; beide sind in James Whites Buch *Clarity* abgedruckt. Das erste stammt aus der Geschichte »The Nightingales Sing« von Elizabeth Persons (Hervorhebungen von R. B.):

Joanna schloß die Vordertür auf, wandte sich noch einmal um und winkte Phil zu, der zurückwinkte und auf der *mit Laub bedeckten* und *in der Mitternachtsstille in leichtem Dunst daliegenden Straße* davonfuhr. Hier, weiter landeinwärts, war es nicht mehr so neblig, wie es am Meer gewesen war, doch *es hingen Tropfen an den Zweigen der Bäume*, und *der Bürgersteig glänzte* im Schein der Straßenlaterne. Sie hörte *das schmatzende Geräusch* von Phils Autoreifen, das sich rasch entfernte und schließlich erstarb. Dann seufzte sie, zog die Tür ins Schloß, betrat, ein wenig in Gedanken, *das stille Haus* und *ließ den Hausschlüssel in die Messingschale fallen*, die auf dem Tischchen in der Diele stand. Das Haus war im Erdgeschoß kühl und dunkel; *nur in der Diele brannte ein Licht*, und im kleinen Wintergarten ihrer Mutter *roch es nach Erde*.

Der Leser braucht diese Information. Zum einen fixiert sie genau die Stimmung, um die es der Autorin geht. Man muß wissen, daß die Zweige tropfnaß waren und die nassen Bürgersteige im Schein der Straßenlaterne glänzten. Der Leser kann aufgrund seiner Vorstellungskraft auf diesen lebendigen Details aufbauen. Ein einziges Wort, *still* (sie betrat, ein wenig in Gedanken, das stille Haus), schärft unsere Sinne, und wenn die Frau dann den Hausschlüssel in die Messingschale fallen läßt, hören wir es förmlich klirren und zucken zusammen, *obwohl das Geräusch nicht erwähnt worden ist*.

Das zweite Beispiel ist William Goyens Erzählung »The Grashopper's Burden« entnommen:

Da gab es dieses Schulgebäude in der Stadt, und es beherbergte jung und alt; ein steinerner Bau, der von vorn aussah wie ein großer Kopf mit flachem Schädel aus Asphalt und Kies, mit dem Gesicht eines Insekts, das die Jungen mit seinem sich öffnenden und schließenden Türmaul zu fressen schien. Und auf seiner Stirn stand geschrieben: ›Den hehren Zielen und der Erziehung guter Bürger, der Gründung einer Gemeinschaft gleicher Herzen und Sinne, den freien Männern und Frauen‹.

Mehr muß über das Gebäude nicht gesagt werden. Wir wissen, daß es häßlich ist, einschüchternd, unpersönlich. Der Haken, an dem der Leser seine kreative Mitarbeit festmachen kann, ist die Stimmung, die das Gebäude wachruft.

Ein Autor braucht geschärfte Sinne, wenn er gezielt nur wenige Requisiten und Ausstattungsgegenstände auswählen will – gefragt ist Wachheit dem besonderen, sinnlichen und repräsentativen Detail gegenüber und nicht etwa das grob Umrissene, Allgemeine und Banale. Und woher nehmen wir dieses Detail, das Erinnerungen und Bilder in uns wachruft? Aus unserem Leben, unserem Alltag, unserer Vergangenheit, die uns zuweilen so gewöhnlich vorkommen, weil nur wir es waren, die sie durchlebt haben. Nun gut, der britische Thronfolger findet womöglich die tägliche Kronprinzerei langweilig. Wenn wir die klirrenden Messingschalen nicht in unserem eigenen Erfahrungsschatz finden, werden wir sie überhaupt nicht finden.

»Die Geschichten waren schrecklich«, sagt Eudora Welty. »Ich stamme aus Jackson, Mississippi, und war noch nicht viel herumgekommen, aber meine Geschichten spielten in Paris. ... Als ich sie schrieb, glaubte ich, ich sei sehr gut. Vermutlich glaubt man an die Qualität dessen, was man selbst verfaßt hat, solange es von etwas handelt, von dem man auch nicht den Hauch einer Ahnung hat. ... Dann bin ich nach Haus gegangen und habe angefangen, über das zu schreiben, was ich kannte. Ich war älter und womöglich ein wenig vernünftiger geworden; so vernünftig immerhin, daß ich die tiefe Kluft erkannte, die sich zwischen der Wirklichkeit und dem auftat, was ich da schrieb.«

Bis jetzt haben wir von Requisiten und Ausstattungsgegenständen gesprochen, doch zum Bühnenbild gehört noch mehr: entscheidend ist der Hintergrund der Geschichte – das Milieu oder die Atmosphäre oder der Schauplatz. R. V. Cassill sagt dazu in seinem Buch *Writing Fiction*: »Die Art und Weise, in der die objektive Welt dargestellt wird, verweist auf die Stimmung der Menschen, die darin wohnen. Man kann das grob skizzieren, wenn man sagt, daß eine Beschreibung von Nacht, Nebel und Kälte auf traurige oder deprimierte Charaktere schließen läßt. Die Beschreibung einer Frühlingswiese weist dagegen auf so etwas wie Glück hin.« Und er fügt hinzu: »Geradezu virtuos zeigt Thomas Mann in *Der Tod in Venedig*, wie Veränderungen der Psyche mit Veränderungen in der Außenwelt einhergehen. Dort wird die Lagunenstadt bei wechselndem Wetter jeweils ein Spiegelbild der unbewußten Veränderungen der Hauptfigur.«

Robert Louis Stevenson war sich der Vereinheitlichung, zu der das Milieu einer Geschichte beitragen kann, besonders bewußt. Er schreibt:

... mit jungen Fichten bestandene Flächen und scheinbar endlos tiefe Felsspalten foltern und erfreuen mich zugleich und ganz besonders. An solchen Orten muß Menschen meiner Rasse einst etwas zugestoßen sein, vielleicht schon vor einer kleinen Ewigkeit. Und als ich noch ein Kind war, habe ich mich vergeblich bemüht, passende Spiele für solche Orte zu erfinden, und ebenso vergeblich versuche ich noch heute, sie mit der passenden Geschichte zu verknüpfen. Manche Orte sprechen sehr deutlich zu uns. Gewisse feuchte, dumpfige Gärten scheinen geradezu nach einem Mord zu schreien; bestimmte alte Häuser verlangen, daß es in ihnen spuke; bestimmte Küstenstriche sind für Schiffbrüche reserviert ... So ist der szenische Hintergrund womöglich in vielen Fällen das eigentlich auslösende Element der Erzählung und legt eine Handlung nahe, die zu ihm paßt.

Im Gegensatz zum Belletristen kann sich der Journalist oder der Sachbuchautor natürlich kein ideales Milieu für seine Texte schaffen; doch er kann das, was er vorfindet, *kommentieren*, indem er dafür einen entsprechenden Erzähler wählt. Wenn zum Beispiel nach einem besonders tragischen Todesfall das Begräbnis an einem heiteren Tag stattfindet, darf der Autor durchaus sagen, daß der Tag eigentlich hätte trübe und wolkenverhangen sein sollen oder kalt und regnerisch. Er darf auch Einzelheiten hervorheben – ein Kind mit Tränen in den Augen; ein welkes Blatt; eine einsame, kahle Hochfläche. Aber Wahrheit und Wirklichkeit setzen ihm hier Grenzen.

Andererseits kann sich der Verfasser von Romanen oder erfundenen Geschichten nicht herausreden, wenn er das Milieu nicht auf die bestmögliche Weise einsetzt. Eudora Welty, eine sehr visuelle Autorin, erklärt, warum sie sich in

zweien ihrer Romane für ganz bestimmte szenische Hintergründe entschieden hat: »Es ging darum, die Bühne auf-
zubauen und die Story einzugrenzen. Beide Romane sind
Familiengeschichten, und ich wollte nicht, daß sie durch
äußere Ereignisse tangiert werden, die ich nicht beeinflussen
konnte. Ich weiß noch, daß ich bei *Delta Wedding* zuvor
sehr sorgfältig nach einem Jahr gesucht habe, in dem – was
Überschwemmungen, Brände oder Kriege angeht – im Mis-
sissippi-Delta nichts sonderlich Schreckliches passiert war,
das zuviel Aufmerksamkeit auf sich hätte lenken können. …
Bei *Losing Battles* wollte ich über eine Familie schreiben, die
buchstäblich nichts besaß. Um eine möglichst leere Bühne
vorzufinden, habe ich mich schließlich für eine Zeit entschieden, in der die Menschen in dieser Weltecke am wenigsten besaßen, und das war natürlich die Zeit der Depression.«
Jetzt achten Sie einmal darauf, wie der Hintergrund in
Katherine Mansfields Erzählung »An der Bucht« (At the Bay)
lebendig wird:

Starker Tau war gefallen. Das Gras war bläulich. Große Tropfen hingen an den Büschen und zauderten zitternd. Das sil-
brige, flaumige Wollgras hob sich schlaff auf seinen langen
Stielen, und alle Ringelblumen und die Nelken in den Bun-
galowgärten wurden von der Nässe zur Erde gebeugt. Tropfnaß waren die kalten Fuchsien, runde Tauperlen lagen auf
den flachen Kapuzinerkresseblättern. Es sah aus, als hätte
das Meer in der Dunkelheit lautlos angegriffen und als wäre
eine riesige Woge herangerollt – wie weit wohl? Wenn man
mitten in der Nacht aufgewacht wäre, hätte man vielleicht
einen großen Fisch sehen können, wie er zum Fenster herein-
und wieder hinausschnellte …

Ah-ah! klang es von der schläfrigen See her. Und aus dem Buschwald klang das Geriesel kleiner Bäche, die rasch und leichtfüßig zwischen glatten Steinen hindurchschlüpften und sich in farnbewachsene Wasserlöcher stürzten, hinein und wieder hinaus; von großen Blättern klatschten dicke Tropfen nieder, und etwas anderes – was war das nur? – regte sich leise und zitterte, ein Zweig knackste, und dann eine solche Stille, als ob einer lausche.

Gelegentlich reflektiert der szenische Hintergrund – Umwelt und Atmosphäre – mehr als nur das Thema und die Absicht einer Geschichte, in einigen Fällen gewinnt er Eigenleben und Persönlichkeit, wird selbst zur Figur, zuweilen sogar zu einer Hauptfigur. Thomas Hardy zum Beispiel hat die ersten fünf Seiten von *Clyms Heimkehr* nicht aus purer Naivität der Beschreibung der Egdon-Heide geopfert. Er hat es sehr bewußt getan, weil er durch die »Persönlichkeit« der Heidelandschaft Ton und Charakter des ganzen Romans festlegen wollte:

Die düstere Linie der Wölbungen und Mulden schien sich zu heben, um den Abendschatten aus reiner Sympathie zu begegnen, und die Heide verströmte die Dunkelheit so geschwind, wie der Himmel sie herabgoß. So schlossen sich die Finsternis des Himmels und die des Landes zu einer schwarzen Verbrüderung zusammen, indem sich beide auf halbem Wege entgegenkamen.

Der Schauplatz war nun von einer wachen Gespanntheit erfüllt, denn wenn anderes gedankenverloren in Schlaf fiel, schien die Heide allmählich zu erwachen und zu lauschen. Jede Nacht schien ihre titanenhafte Gestalt etwas zu erwarten; aber in dieser Weise hatte sie schon so viele Jahrhunderte hindurch gewartet, über die Krisen so vieler Ereignisse hinweg, daß nur die Vorstellung übrigblieb, sie erwarte die eine, letzte Krise – den endgültigen Untergang.

... und zu einer solchen Intensität kam es oft während der Winterdunkelheit, zur Zeit der Stürme und Nebel. Dann war die Egdon-Heide zur Entgegnung bereit, denn der Sturm war ihr Geliebter und der Wind ihr Freund. Dann wurde sie zum Schauplatz seltsamer Erscheinungen, und man empfand, daß dieser Ort das bis dahin nicht erkannte Urbild jener wilden Regionen der Finsternis war, von denen man sich undeutlich in mitternächtlichen Alpträumen umgeben fühlt, an die man aber später nie mehr denkt, bis sie durch Landschaften wie diese wiedererweckt werden.

Das Umfeld einer Geschichte ist keine Nebensache, die man etwa nachträglich hinzufügt. Es ist, was den Effekt der Vereinheitlichung angeht, wirklich von Bedeutung, ob die Sonne scheint oder ob der Himmel bedeckt ist, ob wir es mit einem dicht von hohen Kiefern bestandenen Plateau zu tun haben oder mit dürren Schößlingen, die auf verbranntem Boden wachsen. In den besten Werken ist das Umfeld wesentlicher Bestandteil der schöpferischen Absicht, und ein vom Glück begünstigter Autor empfängt das ganze Paket auf einmal. Die meisten aber müssen daran arbeiten; sie haben verstanden, daß der szenische Hintergrund zur Gesamtwirkung *beitragen* muß. Es genügt nicht, lediglich dafür zu sorgen, daß er nicht stört oder ablenkt.

Und dann gibt es da noch ein Paradox: Manche szenische Hintergründe sind zum Klischee geworden und kommen deshalb für den empfindsamen Autor nicht mehr in Frage. Stevensons Häusern, die zum Spuken gemacht schienen, sind durch allzu häufigen Gebrauch die Gespenster ausgetrieben worden, und so begegnen wir Poltergeistern und anderen unheimlichen Erscheinungen in heutigen Romanen und Filmen denn auch eher in modernen Gebäuden als in alten Gemäuern und düsteren viktorianischen Villen.

Auch Morde können in der heutigen Literatur kaum noch bei heftigen Gewittern begangen werden. Liebespaare meiden heute Kleewiesen, und die Leser von heute wehren sich gegen romantische Soupers bei Kerzenschein. All das ist zu gewöhnlich, zu platt und abgedroschen. Solche Milieus haben ihre Frische eingebüßt, *weil* sie so wirksam waren, und wer heute so schreibt, ist zu spät auf die Welt gekommen. Wer diese Klischees überhaupt benutzt, sollte zumindest versuchen, sie auf neue Art und Weise zum Leben zu erwecken. Am besten aber sollte man sie den Verfassern von Schnulzen und Groschenromanen überlassen und sich an die Knochenarbeit machen, frische szenische Hintergründe zu schaffen, die in der Erinnerung haften bleiben. Dann kann man es getrost nachfolgenden Generationen von Autoren überlassen, diese mit der Zeit erneut zu banalisieren.

Fassen wir also zusammen: Der Autor muß Umfeld, Requisiten und Hintergrund liefern, doch die wirksamsten Techniken sind immer noch jene, die den Leser in den schöpferischen Prozeß einbeziehen. Das heißt, der Autor muß alles Nötige liefern, worauf die Phantasie des Lesers sicheren Tritt finden und von wo aus sie voranschreiten kann. Jeder Autor wird die Frage »Wieviel ist nötig?« anders beantworten. Das, unter anderem, macht das Werk eines jeden Künstlers einzigartig.

5
Der Autor als Darsteller

Vor vielen Jahren bin ich einmal mit Flora Rita Schreiber, Autorin von *Sibyl* und *The Shoemaker*, über den Broadway gebummelt. Wir hatten am monatlichen Treffen der American Society of Journalists and Authors teilgenommen, und als wir uns dem Theaterviertel näherten, war es fast Mitternacht. Innerhalb weniger Monate war aus Flora, der schwer arbeitenden College-Dozentin und Teilzeit-Schriftstellerin, eine international bekannte Autorin und Talk-Show-Berühmtheit geworden.

»Wie kommst du eigentlich mit dem ganzen Streß zurecht?« fragte ich

»Oh, ich finde das alles wunderbar!« erwiderte sie und drehte eine Pirouette auf dem Bürgersteig. Dann breitete sie die Arme aus und sagte: »Ich habe eigentlich immer schon Schauspielerin werden wollen, und nun bin ich es endlich geworden.« Das war sie in der Tat, und zwar auf eine Weise, von der nur wenige Menschen je eine Vorstellung bekommen würden.

In *Sibyl* hat Flora eine ganze Reihe von Menschen dargestellt – die meisten von Sibyls multiplen Persönlichkeiten. Und als ich sie später für *TV-Guide* interviewt habe, hat sie mir erzählt, daß diese Persönlichkeiten in Wirklichkeit nicht so verschieden waren, wie sie sie für den Leser hatte anlegen müssen. In einem gewissen Sinn hat sie diese Menschen erst geschaffen und dann jede Rolle auf den Seiten ihres Buches perfekt gespielt.

Schriftsteller sind Schauspieler. Viele zieht es, wie ich schon erwähnt habe, tatsächlich zur Bühne. Und selbst wenn sie nie vor einem Publikum spielen, so sind sich die meisten Schriftsteller doch der theatralischen Natur ihres Geschäfts bewußt. Wer die Schriftstellerei als ein Theaterspielen auf dem Papier versteht, wird erkennen, wie entscheidend diese Einsicht die Arbeit des Autors vereinfachen kann.

Ich werde in diesem Kapitel häufig auf meine eigenen Arbeiten Bezug nehmen; vor allem deshalb, weil ich der einzige Autor bin, dessen Motive ich ohne Einschränkung verstehe. Zudem kann ich als Autor auf eine Karriere zurückblicken, die erheblich mehr umspannt als gemeinhin üblich. Einfach deshalb, weil ich schon als Teenager erkannt hatte, daß das Leben zu kurz ist, als daß man es in einem konventionellen Brotberuf vergeuden sollte, der einem jahrein, jahraus nur immer wieder dieselben Handgriffe und Aktivitäten abverlangt. Dabei hatte ich durchaus nichts gegen harte Arbeit, solange sie mich nicht zu langweilen drohte. Meinen ersten richtigen Job als Autor hatte ich bei der Rodale Press, einer Verlagsgruppe mit den Themenschwerpunkten Gesundheit und Fitneß. Fünf Jahre lang habe ich über Vitamine und Mineralien, über Ballaststoffe, Jogging und positives Denken geschrieben. Ich habe die USA von Küste zu Küste bereist und Politiker, Wissenschaftler und andere Prominente interviewt. Ich habe recherchiert und geschrieben und bei all dem soviel Spaß gehabt, daß ich drei Jahre lang vergessen habe, Urlaub zu nehmen. Dann aber ist die Arbeit zur Routine geworden, und nach drei weiteren Jahren habe ich gekündigt, um der Langweile zu entrinnen. Ein Jahr später habe ich mich breitschlagen lassen und habe für das doppelte Gehalt noch einmal bei der alten Firma angeheuert – weil ich Geld brauchte. Zwei Jahre darauf bin ich endgültig ausgestiegen, weil ich mich gelangweilt habe und lieber arm als gelangweilt sein wollte.

Von diesem Zeitpunkt an habe ich mich – auch wenn ich immer noch gelegentlich über Gesundheit, Fitneß und Medizin geschrieben habe – nicht mehr nur auf diesen Bereich beschränkt, sondern ganz allgemein über Themen geschrieben, die mich interessiert haben und die mir wichtig erschienen. Zum Glück bin ich ein Mensch voller Neugier und Lebensfreude, und so habe ich in meinem Zettelkasten weit mehr Themen, als ich in zwei Leben würde behandeln können. Ich verdiene mein Brot heute mit einer wahren Enzyklopädie von Themen.

Aber der springende Punkt dabei ist: Indem ich sowohl fiktionale wie nichtfiktionale Texte schreibe, und zwar für Kinder, Mechaniker, Ärzte, Studenten, Hausfrauen, Geschäftsfrauen, Senioren, Lehrer und Wissenschaftler, *habe ich all diese Rollen im Phantasietheater meiner Leserinnen und Leser gespielt.*

Eigentlich wäre es unmöglich gewesen, in so vielen Stilen zu schreiben. Es funktioniert aber folgendermaßen: Vor ein paar Jahren hat William Morris, der Herausgeber von *Boys' Life,* mich beauftragt, etwas über anabole Steroide zu schreiben, beim Sport verbotene muskelaufbauende Medikamente,

die manche Sportler zur Leistungssteigerung nehmen. Gewiß
kein Auftrag, den man mit links bewältigt. Ein Großteil der
Leser von *Boys' Life* sind zwölf- und dreizehnjährige Jungen. Eine wissenschaftliche Abhandlung über anabole Stero-
Dingsbums würde sie zu Tode langweilen.

Woher ich das weiß? Vielleicht, weil ich ein fünfzigjähri-
ger Autor mit reichlich Berufserfahrung bin? Keineswegs. Ich
weiß das, weil ich mich für diesen Auftrag in einen Dreizehnjährigen mit Grips verwandelt habe.

Jetzt weiß ich, was Spaß macht und was hoffnungslos öde
ist. *Jetzt* weiß ich, welche Wörter ich verstehe und welche
nicht. Ich weiß nun, was für ein Einstieg meine Aufmerksamkeit erregt, und welcher mich dazu bringen würde, sofort
weiterzublättern. Und so schrieb ich:

›Ich bin brutal happy!‹
Viele Millionen Fernsehzuschauer haben das Lächeln auf Jeff
Blatnicks schweißüberströmtem Gesicht gesehen, als er das
sagte. Sie haben auch die Tränen in seinen Augen gesehen.
Ein weiteres Jeff-Blatnick-Wunder hatte sich ereignet.
Beim ersten war er fünfzehn Jahre alt und hatte einen Flug-
zeugabsturz überlebt.
Vor zwei Jahren haben ihm die Ärzte gesagt, er habe Krebs.
Jeff ist operiert und bestrahlt worden – und hat es über-
lebt.
Und nun das. Im grellen Flutlicht des Los Angeles Coliseum
hat Jeff unter dem tosenden Beifall der Fans in letzter Mi-
nute einen Überraschungssieg im griechisch-römischen Stil
errungen und damit die erste olympische Ringermedaille für
die USA gewonnen – im Superschwergewicht.
Es war die Goldmedaille.
Auch bei diesen Olympischen Spielen standen Jeffs Chancen

nicht gut. Die amerikanische Fachzeitschrift *Sports Illustrated* hatte ihm allenfalls eine Außenseiterchance auf den dritten Platz und damit auf die Bronzemedaille eingeräumt.

An jenem Abend stand Jeff mit dem Schweden Thomas Johansson auf der Matte. Johansson war mit 135 Kilo Körpergewicht 15 Kilo schwerer als Jeff. Und das Gewicht spielt gerade beim griechisch-römischen Ringen eine große Rolle. Weil nur Griffe vom Scheitel bis zur Hüfte erlaubt sind, muß man Körpergewicht und Kraft einsetzen, um den Gegner auszuhebeln und auf die Matte zu werfen.

Wer ihn von den Beinen holt, bekommt einen Punkt. Den Gegner auf den Bauch zu rollen, ist zwei Punkte wert; wer ihn auf den Rücken zwingt, bekommt drei Punkte.

Johansson besaß noch einen weiteren Vorteil, wenngleich damals niemand außer ihm davon wußte: Er hatte sich mit verbotenen Anabolika gedopt, um kräftiger zu werden.

Dieser *Boys'-Life*-Artikel mit dem Titel »They Won Without Steroids« wurde zu einem der meistgelesenen des Jahres. Ich hoffe, er hat ein wenig dazu beigetragen, einige Jungen von der Einnahme anaboler Steroide abzuhalten. (Damals war der Footballspieler Lyle Alzado gerade unheilbar an einem Gehirntumor erkrankt und machte sein Doping mit Anabolika dafür verantwortlich.) Als Robert Bahr hätte ich diesen Artikel niemals schreiben können.

Für einen Artikel über Oldtimer-Motorräder dagegen brauchte ich einen ganz anderen Erzähler/Darsteller:

Charles George aus Quakertown in Pennsylvania hat ein wenig Glück und viel Sinn fürs Praktische. Vor ein paar Monaten ist er zufällig auf eine Indian Chief, Baujahr 1925, mit einem Princess-Seitenwagen gestoßen. Das Motorrad war komplett und hatte noch alle Originalteile, war aber in einem

lausigen Zustand. Also hat Charlie sie von Grund auf re-
stauriert, hat dann eine Anzeige im Fachblatt *Hemmings
Motor News* aufgegeben und die Maschine verkauft – wie sich
herausstellen sollte, an den Filmstar Steve McQueen.

Im benachbarten Boyertown fuhr Bill Patt an einem großen
Apfelgarten vorbei und erblickte eine Indian Scout, Baujahr
1929, die von angetrocknetem Schlamm überzogen war. ›Die
Maschine hatte da bestimmt schon zwanzig Jahre herum-
gestanden, wenn nicht noch länger‹, sagt Bill. ›Die Reifen
waren total verrottet.‹

Der Motorblock fehlte, dazu der Tank und das Getriebe,
aber Bill fand die Teile im Kofferraum eines Autowracks
ganz in der Nähe. Er fand auch den Besitzer, bot ihm
25 Dollar für den Haufen Schrott und transportierte seinen
Fund nach Hause. Heute läuft die fast 50 Jahre alte Maschine
wieder perfekt, ein mechanisches Wunderwerk, das seinem
Besitzer bei Oldtimer-Treffen jedes Jahr wieder Preise ein-
bringt.

Popular Mechanics hat diesen Artikel gedruckt. Um ihn
zu schreiben, habe ich mich in eine Person verwandelt, die
mit meinem wahren Ich nicht das geringste zu tun hat. Ich
schrieb als leicht übergewichtiger Motorradbastler, Biker und
Sportfan, der Bier trinkt, Football liebt und sich gern als
typischer »alter Kumpel« mit harten Fäusten und weichem
Herzen sieht.

Als Physiker habe ich für die *Biomedical News* geschrieben: »Zwei Forscher der Temple University haben ein mathe-
matisches Modell der Luftdurchflußrate bei Tiefseetauchern
entwickelt, das es erstmalig ermöglicht, die Sauerstoffmenge
vorauszusagen, die beim Atmen in verschiedenen Tiefen ver-
braucht wird.«

Für den einst von Präsident Kennedy ins Leben gerufenen President's Council on Physical Fitness and Sports habe ich als kühl rechnender Geschäftsmann geschrieben: »Die Folgekosten körperlicher Degeneration wegen mangelnder Fitneß sind für die amerikanische Wirtschaft sehr hoch. Dr. Dr. Roy J. Shephard von der Abteilung für physiologische Hygiene der University of Toronto schreibt dazu in der Juni-Ausgabe der *Archives of Environmental Health:* ›Die Folgekosten chronischer Erkrankungen der Herzkranzgefäße sind geradezu schwindelerregend hoch.‹«

Als Großvater, der gut ein Vierteljahrhundert älter war als Robert Bahr, habe ich es mir in einem Liegestuhl bequem gemacht und für *Mature Health*, ein Gesundheitsmagazin für ältere Leser, folgendes geschrieben:

Ich muß gelegentlich an die Stare denken, die im letzten Frühjahr unter der Dachkante unserer Veranda genistet haben. Die Jungvögel waren lärmende Gesellen, schlangen gierig alles in sich hinein, was ihre gestreßten Eltern in ihre weit aufgerissenen Schnäbel stopfen konnten. Diese Jungen hatten wirklich ein wundervolles Leben – mußten lediglich essen und schlafen und hatten darüber hinaus keinerlei Pflichten.

Doch offenbar war das für die jungen Vögel gar nicht so angenehm, wie es den Anschein hatte, denn es kam der Tag, an dem drei der Jungen ein paarmal mit den Flügeln schlugen und sich geradezu tollkühn aus dem Nest stürzten. Sie wären um ein Haar auf dem Zementfußboden der Veranda aufgeschlagen, fingen sich aber und flatterten auf und davon. Durch die Zweige der Obstbäume flogen sie, über das Rasenstück und den kleinen Teich hinweg und ließen sich schließlich wie triumphierend auf dem Ast einer Kiefer nieder, von wo aus sie die große weite Welt zum ersten Mal in Augenschein nehmen konnten. Nur ein Nachzügler war im Nest hocken geblieben, piepste fordernd und wollte gefüttert werden.

Aber nicht mehr lange. Ein paar Tage später wurde ich Zeuge, wie die Mutter den zaghaften Gesellen zuerst sanft und dann immer energischer zu bewegen suchte, wie vorgesehen das Nest zu verlassen, um künftig sein eigenes Leben zu leben. Und schließlich kam er der Aufforderung nach, erhob sich so geschickt in die Lüfte wie die anderen vor ihm, flog trotz seiner anfänglichen Zurückhaltung nicht weniger hoch.

Es schien Mama Star (vielleicht war es ja auch Papa Star, ich kenne mich auf diesem Gebiet nicht so gut aus) nicht sonderlich schwer zu fallen, ihr Junges aus dem Nest zu werfen. Vielleicht sind Vögel mit der biologischen Realität noch mehr im Einklang als wir Menschen.

Wie gesagt, ich bin kein Fachmann. Doch ich glaube, daß es diese Tiere nicht weniger schmerzt als uns, wenn sie ihre Jungen ziehen lassen müssen. Mama und Papa Star wissen wohl ganz einfach instinktiv, daß die Jungen ausfliegen müssen, wenn sie überleben, wachsen und gedeihen sollen.

Ich bin als Autor auch schon eine Frau gewesen, ein kleines Kind und ein abtrünniger Fundamentalist. Doch die größte Befriedigung in dieser Hinsicht hat mir die Übernahme der Rolle Gottes verschafft, eine Rolle, die mir wegen der Erfordernisse des ersten Kapitels meines Sachbuchs *The Blizzard* gleichsam aufgezwungen worden ist. Und obwohl ich für diese wenigen Seiten zwei Wochen lang intensiv und sorgfältig hatte recherchieren müssen, habe ich den ersten Passagen schließlich eine schwungvolle, fast belletristische

Qualität gegeben, weil sie sich von den Kämpfen und Nöten der Menschen abheben sollten, von denen der größte Teil des Buches handelt:

Im Herbst steigt die Sonne kaum über den arktischen Horizont, und ihre Strahlen streifen den nördlichen Pol der Erde nur flüchtig. Ihre Wärme geht dort im All verloren; das Licht, durch größeren atmosphärischen Abstand verzerrt, taucht das Eis in Himmelblau und Rosa, Orange und Zinnoberrot. Wenn die Tage kürzer werden, nimmt der Himmel eine tiefblaue Färbung an, und selbst um die Mittagsstunde blinken Sterne am Firmament. Wo sich noch kein Eis gebildet hat, ist die See schwarz.

Mit der Abenddämmerung des 24. November 1976 senkte sich eine zweimonatige Nacht über die Arktis. Doch es herrschte keine absolute Dunkelheit, denn der Himmel über dem größten Teil jener knapp vierzehneinviertel Millionen Quadratkilometer des überwiegend mit Eis bedeckten Nordpolarmeers war sauber und klar, und das Licht der Sterne am nördlichen Himmel wurde von den wenigen offenen Wasserflächen zurückgeworfen.

Zudem war über dem Horizont achtzehn Stunden lang Vollmond. Der Mond stand zu niedrig, als daß er die tiefen Spalten der Gletscher hätte ausleuchten können, und so blieben sie in ungebrochener Finsternis. Doch das Mondlicht legte einen schwachen Schein auf all die öden Inseln und die sich schier endlos ausdehnende baumlose Tundra und überzog Tausende von Meilen einer Brandung, die sich an felsübersäten Stränden brach und gleich gefror. Auf die ganze gewaltige offene Fläche des Nordens – die Eisschollen, die mächtigen Eisflächen und die eingesprenkelten Flecken dunklen Wassers – fiel das Mondlicht kalt und rein. In jener Nacht strich das Licht über das ungebrochene Eis des Ostsibirischen Meers und über die Inlandeismasse Grönlands. An der norwegischen Küste brachte es die furchteinflößenden Klippen aus Gletschereis zum Leuchten. Bei Spitzbergen warf eine Treibeisscholle das Mondlicht gegen den Leib einer Wolke zurück, und so hellten zwei Monde von nahezu gleicher Intensität die Inseln auf.

Bei Victoria Island im arktischen Archipel Kanadas wirbelte eine leichte Brise Millionen von Eiskristallen in die Luft. Sie glitzerten im schwachen Mondlicht wie Diamantstaub und ergossen sich schillernd über die öde Tundra.

Eisbären standen bewegungslos auf dem Eisfeld und warfen lange Schatten, während Sattelrobben sich in der Nähe ihrer Atemlöcher in der Eisfläche aufhielten. Walrosse lagerten nahe dabei und starrten mit großen Augen in die Nacht, ob sich Eisbären näherten. ...

In der ganzen Arktis sanken die Temperaturen immer weiter. Die oberen Luftschichten, die jetzt äußerst kalt und schwer waren, begannen sich wie eine große Decke auf die Erdoberfläche zu legen. Schicht legte sich so auf Schicht. Das ganze schwoll an und beulte sich aus wie eine umgedrehte Schüssel, wuchs schließlich zu einem gewaltigen Berg aus dichter und träger Luft an, dessen unsichtbarer Gipfel den Mount Everest um Meilen überragte und den Leib der Stratosphäre durchbohrte.

Am 25. November 1976 lag das Zentrum dieser gewaltigen Masse am achtzigsten Breitengrad, nördlich der Laptew-See, doch es dehnte sich zuerst nach Süden und dann in alle Richtungen aus – von den kleinen Inseln nördlich von Norwegen bis hinüber zur Beringstraße. Mächtige Blasen, die sich von der Hauptmasse gelöst hatten, drifteten in Richtung Aleuten, Alaska und Nordkanada. In den Vereinigten Staaten erreichten sie als südlichsten Punkt die Stadt Buffalo.

Ja, manchmal muß ein Autor sogar in die Rolle Gottes schlüpfen. Doch der Autor ist nicht nur Schauspieler, wenn er die Rolle des Erzählers oder Spielleiters übernimmt. Er muß sich auch noch in jeden seiner Charaktere verwandeln. Schreibt er über tatsächliche Begebenheiten und wirkliche Menschen, so erzielt er die größte Wirkung, wenn er sich mit diesen Figuren seiner Anekdoten und Szenarien identifiziert. Er ist in solchen Fällen natürlich der nachprüfbaren Wahrheit verpflichtet und kann seine Charaktere nicht erfinden. Dennoch vermag er durch intensive Identifikation gleichsam in ihre Haut zu schlüpfen.

Das kann manchmal eine geradezu unheimliche Erfahrung sein. Ende der 70er Jahre habe ich für den Prentice-Hall-Verlag an einer Biographie der Erweckungspredigerin und Kirchengründerin Aimee Semple McPherson gearbeitet. Ich bin ihrem Lebensweg von ihrer Geburt in Kanada über ihre Missionsarbeit in China und wieder zurück nach New York gefolgt, wohin sie nach dem Tod ihres Mannes Robert Semple gezogen war. Ich wußte, daß sie dort ihren zweiten Mann Harry getroffen hatte, aber ich wußte nicht, unter welchen Umständen die beiden einander begegnet waren. Um den Erzählfluß nicht unterbrechen zu müssen, also einzig aus pragmatischen Gründen, habe ich kurzerhand eine Szene frei erfunden. Das konnte nur gelingen, weil ich mich völlig mit Aimee identifiziert hatte. Ich ließ sie spontan auf einen wildfremden jungen Mann zugehen, ein Gespräch mit ihm anfangen und ihm ihre Zeitung geben.

Im nächsten Jahr erfuhr ich, daß Harry noch lebte. Ich habe ihn wenige Monate vor seinem Tod in Titusville in Florida interviewt und dabei erfahren, daß Aimee ihm damals zwar keine Zeitung gegeben, ihm aber angeboten hatte, ihn an jenem regnerischen Tag mit unter ihren Schirm zu nehmen!

Als Schauspieler wird ein Autor freilich häufiger an seinen erfundenen Charakteren erkannt. Der peruanische Schriftsteller und Literaturkritiker Mario Vargas Llosa zeigt das in seinem Roman *Tante Julia und der Kunstschreiber*, wenn er seinen bolivianischen Autor Pedro Camacho jeden Morgen in einem anderen Aufzug zur Arbeit gehen läßt; in einem Smoking, einem Kleid, je nachdem, welche Rolle er an jenem Tag in des Autors Drehbuch gerade spielt.

Georges Simenon hat einmal gesagt:

> Wenn ich einen Roman anfange, werde ich zu dessen Hauptfigur, und von diesem Augenblick an wird mein Leben, wird mein Alltag gänzlich davon bestimmt. Ich stecke tatsächlich in der Haut dieses Charakters. Bevor ich zu schreiben beginne, in dem Augenblick, in dem ich mich, wie ich es nenne, in den Stand der Gnade begebe, muß ich mich selbst zurücklassen. Ich muß das, was meine Persönlichkeit ist, gleichsam völlig ausleeren, um ganz aufnahmefähig zu werden, bereit, andere Charaktere und andere Eindrücke in mich aufzusaugen.

Flaubert spricht von der gleichen Erfahrung, wenn er sagt: »Madame Bovary, das bin *ich*.« Als er noch gar keine Handlung hatte, in die er sie hätte einbauen können, war Henry James schon wie besessen von der Frau, über die er später in seinem Roman *Bildnis einer Dame* schreiben sollte. »So hatte ich mein lebendiges, klar umrissenes Individuum vor Augen«, sagte er, »lange bevor diese Gestalt festgelegt und in all die Umstände verstrickt war, aus denen sich uns gemeinhin die Identität einer Romanfigur ergibt.«

Hermann Hesse hat seinen Roman *Demian* nicht ganz zufällig mit den folgenden Worten begonnen:

> Um meine Geschichte zu erzählen, muß ich weit vorn anfangen. Ich müßte, wäre es mir möglich, noch viel weiter zurückgehen, bis in die allerersten Jahre meiner Kindheit und noch über sie hinaus in die Ferne meiner Herkunft zurück. ... Meine Geschichte ... ist meine eigene, und sie ist die Geschichte eines Menschen – nicht eines erfundenen, eines möglichen, eines idealen oder sonstwie nicht vorhandenen, sondern eines wirklichen, einmaligen, lebenden Menschen.

Demian ist in der Tat ein Roman und keine Autobiographie, aber Hesse ist durch sein schauspielerisches Talent gleichwohl zur Hauptfigur geworden. Diese Aneignung einer fremden Persönlichkeit hat durchaus etwas Mystisches. Dickens hat es geschafft und im ersten Absatz von *David Copperfield* dazu gesagt: »Ob ich mich als Held meines eigenen Lebens gestalten werde, oder ob dieser Standpunkt von irgendwem anders eingenommen werden wird, das müssen diese Blätter ausweisen.« Dickens war einer der großen Schauspieler in der Geschichte der Literatur, und vermutlich hat er deshalb so häufig in der ersten Person geschrieben. J. B. Amerongen, einer seiner Biographen, schreibt: »Es ist nur natürlich, daß er seiner außergewöhnlichen Begabung, sich andere Charaktere anzueignen, bei Dichterlesungen noch mehr freien Lauf ließ, als wenn er als Schauspieler auf der Amateurbühne stand.« Und er fährt fort: »Aus dem Munde von Dickens' ältester Tochter erfahren wir, ihr Vater habe ihr erzählt, schon als Junge sei er beim Lesen seiner Lieblingsbücher immer auch Tom Jones gewesen, oder wer der jeweilige Held auch sein mochte; eine Tatsache, die hernach in *David Copperfield* bestätigt wird. Später wurden seine eigenen Romanfiguren für ihn so real, daß er sich manchmal einbildete, sie auf der Straße zu sehen und daß er mit ihnen weinte und lachte. So haben ihn die letzten Tage der Pilgerfahrt der kleinen Elizabeth (›Little Nell‹) in seinem Fortsetzungsroman *Der Raritätenladen* vor Kummer einst geradezu krank gemacht.«

Ich glaube nicht, daß Schreibtalent so etwas wie ein himmlisches Wunder ist. Ich glaube, es dient lediglich der *Phantasie*. Der Autor-als-Schauspieler, der kraftvolle, einheitliche Charaktere zum Leben erweckt, muß in hohem Maße Phantasie und Vorstellungskraft besitzen. Aber das ist an sich gar nicht so selten. Daß aber jemand den *Willen* und die *Disziplin* besitzt, die Phantasie anzuspornen, nach den wirkungsvollen Details zu suchen statt sich der weit leichter zugänglichen Stereotypen zu bedienen, *das* ist selten. Der Unterschied liegt immer im Grad der Bereitwilligkeit, mit der man sich diese Disziplin auferlegt. Viele Menschen, die von sich selbst behaupten, es fehle ihnen, was das Schreiben angeht, an handwerklichem Können und an Phantasie, sind im Grunde bloß faul.

A. B. Guthrie dachte an diese Faulheit, als er sagte, daß »Charakterzeichnungen mißlingen, weil sie die Komplexität des menschlichen Geistes entweder ignorieren oder aber gewaltsam vereinfachen.« Guthrie bringt es auf den Punkt, wenn er zum Thema Charakterzeichnung weiter ausführt:

»Ich glaube, man lernt, indem man sich einer Selbstprüfung unterzieht. In Ihnen selbst liegen die Saatkörner, liegen die Möglichkeiten aller Menschen der Welt. ... In Ihnen ist

Grausamkeit ebenso angelegt wie Gemeinheit, Perversion und, nicht zu vergessen, das jeweils andere Geschlecht. Und in Ihnen liegen auch Edelmut und Güte und Ordnung und alle Tugenden. Zwischen Ihren Gaben und denen all Ihrer Mitmenschen besteht lediglich ein gradueller Unterschied. Manche von Ihnen werden das nicht glauben, aber ich halte es für wahr.

Der Unterschied liegt einzig in der verschiedenen Ausprägung bestimmter Eigenschaften. Mann und Frau, Schurke und Held, das Schöne und das Häßliche – sie alle sind im menschlichen Geist vereint.

Wer des Menschen Natur kennenlernt, der lernt etwas über sich selbst. Wer einen Roman schreibt, der entdeckt, erforscht und verwirklicht sich selbst. ...

Für mich ist dieses Verstehen von Menschen auf dem Umweg über die Selbsterkenntnis die größte Leistung der Phantasie in der Belletristik.«

Oder, wie Guy de Maupassant gesagt hat:

So enthüllen wir uns immer nur selbst; ob nun in der Gestalt eines Königs oder eines Königsmörders, eines Räubers oder eines ehrlichen Mannes, einer Kurtisane, einer Nonne, eines jungen Mädchens oder einer derben Marktfrau. Denn wir sind gezwungen, das Problem auf diese persönliche Weise anzugehen und uns zu fragen: ›Was sollte *ich* tun, was sollte *ich* denken, wie sollte *ich* handeln, wenn *ich* König oder Mörder, eine Prostituierte oder eine Nonne oder eine Marktfrau wäre?‹ Wir können unsere Romanfiguren nur variieren, indem wir Alter, Geschlecht, gesellschaftliche Stellung und all die Lebensumstände des Egos verändern, das die Natur mit einer schier unübersteigbaren Barriere aus Sinnesorganen umgeben hat.

Die Geschicklichkeit liegt darin, dem Leser nicht zu verraten, daß sich dieses Ego unter den vielen Masken verbirgt, die wir ihm aufsetzen.

Wenn ein Charakter als Facette des Autors selbst zum Leben erwacht, ist der Autor geradezu *gezwungen*, mit ihm zu fühlen. Vielleicht ist er ein Massenmörder, aber er ist zugleich der Autor, der – so er nicht wirklich geisteskrank ist – die Motive dieses Charakters in den Grenzen, welche die Natur ihm setzt, entschuldbar finden wird. Wenn wir eine heute schon ein wenig abgedroschene freudsche Methode anwenden wollen, steht womöglich jede Frau, die der Mann ermordet, für seine von ihm gehaßte Mutter. Vielleicht ist jeder Mann, den er erschießt, der gehaßte Vater, der ihm aber immer noch zu gottähnlich erscheint, als daß er ihn direkt anzugreifen vermöchte. Ich will damit sagen: Wenn ein Charakter, den ein Autor erschafft, im wesentlichen der Autor selbst ist, kann der gar nicht anders, als ihn mit Verständnis und Mitgefühl darzustellen, vielleicht sogar mit Liebe. Und mag solch ein Charakter auch ein Schurke sein, so hat er doch wenigstens eine faire Gerichtsverhandlung verdient. Von einem Autor, der selbst der Schurke ist, wird er sie bekommen.

Shakespeare hat das genau verstanden. Auch daran zeigt sich seine Genialität. So gibt er zum Beispiel dem kleinen Wucherer Shylock, der verstockt auf seiner mörderischen Rache an einem seiner schlimmsten Peiniger beharrt, im dritten Aufzug des Schauspiels *Der Kaufmann von Venedig* Gelegenheit, seinen Standpunkt leidenschaftlich und eindrucksvoll vorzutragen:

Er hat mich beschimpft, mir 'ne halbe Million gehindert; meinen Verlust belacht, meinen Gewinn bespottet, mein Volk geschmäht, meinen Handel gekreuzt, meine Freunde verleitet, meine Feinde gehetzt. Und was hat er für einen Grund? Ich bin ein Jude. Hat nicht ein Jude Augen? Hat nicht ein Jude Hände, Gliedmaßen, Werkzeuge, Sinne, Neigungen, Leidenschaften? Mit derselben Speise genährt, mit denselben Waffen verletzt, denselben Krankheiten unterworfen, mit denselben Mitteln geheilt, gewärmt und gekältet von eben dem Winter und Sommer als ein Christ? Wenn ihr uns stecht, bluten wir nicht? Wenn ihr uns kitzelt, lachen wir nicht? Wenn ihr uns vergiftet, sterben wir nicht? *Und wenn ihr uns beleidigt, sollen wir uns nicht rächen?* Sind wir euch in allen Dingen ähnlich, so wollen wir's euch auch darin gleichtun ... Die Bosheit, die ihr mich lehrt, die will ich ausüben, oder ich will es meinen Meistern zuvortun.

Der Autor-als-Schauspieler weiß, daß seine Charaktere Stärken und Schwächen haben, wie er selbst auch, und wenn er das nicht wahrhaben will (und seine Charaktere wollen das auch nicht), unterliegen sie alle der Selbsttäuschung. Jedesmal, wenn wir als literarische Figuren wiedergeboren werden, finden wir Vielgestaltigkeit, Verwicklungen und Widersprüche. Der Autor versucht, sich dessen bewußt zu sein, weil es zu Struktur und Schichtung seines Werkes beiträgt. Und doch wird er nicht alle Charaktere sich *voll* entwickeln lassen, weil sie nicht alle von zentraler Bedeutung für seine Geschichte sind. Untergeordnete, zweitrangige Figuren können nicht gleich viel Platz beanspruchen; gleich viel Ehrlichkeit aber steht ihnen zu. Wenn sie ihren Auftritt haben, und sei er auch nur kurz, dann dürfen sie keine schablonenhaften Strichmännchen sein. Stets umgibt sie ein

Anflug von persönlicher Note, so wenig diese auch entwickelt sein mag.

Tatsächlich gibt es an den denkwürdigeren Charakteren mehr zu entdecken, als der Autor beschrieben hat. E. M. Forster hat von Jane Austens Charakteren gesagt, sie besäßen alle »die Voraussetzungen für ein Leben von großer Spannweite, ein Leben, das die Anlage ihrer Bücher selten von ihnen fordert, und darum eben ist die Art, wie sie das ihnen aufgegebene Leben führen, so durchaus befriedigend.« Und weiter: »Das Kennzeichen für einen runden Charakter ist, ob er uns in überzeugender Weise zu überraschen vermag. Gelingt ihm das nicht, bleibt er flach.«

Und es gibt noch ein Paradox: Voll entwickelte Romanfiguren sind nicht wie Schnappschüsse lebender Menschen. In der wirklichen Welt ist in jeder Persönlichkeit ein ganzes Universum uneingestandener Widersprüche angelegt. Der erfahrene Autor aber reduziert die menschliche Natur auf eine folgerichtige und verdauliche Form. Mit »folgerichtig« meine ich nicht, daß es keine Paradoxa oder Widersprüche geben wird, sondern daß die vorantreibenden Leidenschaften auf zwei oder drei reduziert sind, die miteinander im Widerstreit liegen können. Ebenso wie der Schauspieler nimmt der Autor die komplexe Natur wirklicher Menschen an, enthüllt aber nur das, was für die literarische Wirklichkeit und die schöpferische Absicht unverzichtbar ist.

Dieser *Anschein* von Wirklichkeit ist beim Dialog besonders wichtig. R. V. Cassill, der begabte Autor und Lehrer, rät dem Autor-als-Schauspieler, daß er annähernd die natürliche spontane Sprechweise wiedergeben muß. Habe er den Dialog zu Papier gebracht, könne er »an dieser Annäherung arbeiten wie ein Klavierstimmer, bis die Sprechweise den exakten und passenden Ton hat«.

Doch es wäre falsch anzunehmen, geschriebener Dialog sollte die Alltagssprache naturgetreu wiedergeben. Wirkliche Gespräche laufen nämlich meist folgendermaßen ab:

– Wir reden und reden ohne Unterlaß und benutzen dabei haufenweise überflüssige Wörter.

– Meist kommen wir gar nicht zur Sache, und wenn doch, wird nicht klar, worum es eigentlich geht.

– Wir reden in unvollständigen Sätzen und sind in Satzbau und Grammatik so schludrig, daß es den meisten von uns peinlich wäre, das gedruckt zu sehen.

Ein Rezensent meiner McPherson-Biographie hat darauf hingewiesen, der Dialog von Minnie Kennedy, der Mutter von Aimee Semple McPherson, sei stets unrealistisch mit Klischees überladen. Tatsächlich aber hatten gleich mehrere Zeitzeugen mir glaubhaft versichert, Minnie habe jedes Gespräch reichlich mit Bibelzitaten und banalen Redensarten gewürzt. Insofern hatte ich die Realität korrekt wiedergegeben. Doch Literatur vermittelt die *Wahrnehmung* von Realität – etwas, was die Realität wegen der ihr innewohnenden Komplexität selbst nur selten tut. Beim Dialog ist weniger häufig mehr. Ein paar Klischees aus Minnies Mund bei wahrhaft unpassenden Gelegenheiten hätten fraglos ausgereicht; das wirkliche Geschwätz dagegen mußte dem Leser erdichtet vorkommen.

Das soll nun durchaus nicht heißen, ein Buch könne nicht auch trotz wenig überzeugender Dialoge Erfolg haben. Tatsächlich ist zum Beispiel James Robert Wallers Roman *Die Brücken am Fluß* ein bemerkenswerter Bestseller geworden.

Und doch läßt sich nicht übersehen, daß der Held seitenlang auf die Heldin einredet, um Informationen an den Leser zu bringen, und die Heldin macht es später ebenso. Und was noch wichtiger ist: Der Stil des Dialogs ist häufig austauschbar – die Charaktere sind lediglich am Thema des jeweiligen Gesprächs zu erkennen.

Halten wir also fest: In fast jedem Buch lassen sich Mängel und Schwachstellen finden. Wenn die Stärken groß genug sind, kann das Werk solche Mängel vergessen machen. Aber ernsthafte Autoren müssen nach Perfektion streben, wenn sie Mittelmaß und Wirkungslosigkeit vermeiden wollen. Ein Dialog, der nicht überzeugt, kann eine krasse Schwäche sein, über die man sich nicht einfach hinwegsetzen kann.

Robie Macauley schreibt in seinem Buch *Techniques in Fiction*, Dialog müsse

– knapp sein,
– dem Leser wirklich etwas sagen,
– gewöhnliche Alltagsgespräche vermeiden, die nirgendwohin führen und nichts bedeuten,
– den Eindruck der Spontaneität erwecken
– und die Story voranbringen.

Der Dialog sollte auch Charaktere enthüllen und die Beziehung von Personen untereinander zeigen. Wenn er nichts von dem erreicht, hat er in einem Werk nichts verloren, ganz gleich, wie echt er sich anhört oder wie facettenreich er dem Autor erscheinen mag.

Es erfordert Mut, Theater zu spielen, sei es auf der Bühne oder auf dem Papier; nämlich den Mut, Scheitern und Blamage zu riskieren, den Mut, die Sicherheit des gewohnten behaglichen Standorts im eigenen Ich gegen einen neuen, vielleicht riskanteren, womöglich exotischen und ausgefallenen Standort einzutauschen. Wenn Sie nicht vorhaben, lediglich mit dem Schreiben von Gebrauchsanweisungen oder Telefonbüchern Karriere zu machen, müssen Sie lernen, im Theater der Phantasie aufzutreten.

Ich will Ihnen prophezeien, was Sie dabei entdecken werden: Sie werden entdecken, daß das Theaterspielen ein Aspekt des Schreibens ist, der Ihnen nie langweilig werden wird. Es ist die einzige mir bekannte Möglichkeit, jeden Morgen mit einer neuen Perspektive, mit neuen Herausforderungen, neuen Freunden und neuen Leidenschaften zu erwachen. Die Schauspielerei auf dem Papier macht das Schreiben einfacher und aus Ihnen einen besseren Schriftsteller, und sie wird das Leben auch ein wenig angenehmer machen. Die Welt der Selbsterkundung hat das immer zu bieten. Sogar für Erwachsene.

6
Die Kunst des Regisseurs

D er Dramatiker, der Spielleiter, der Bühnenbildner und die Schauspieler – sie alle bringen einzigartige Fähigkeiten ein, ohne die eine Aufführung scheitern würde. Doch keiner von ihnen, nicht der Dramatiker oder der Stückeschreiber, trägt die Verantwortung für die ganze Produktion. Die trägt nur der Regisseur auf seinen Schultern. Alle anderen arbeiten in der Hitze ihrer jeweiligen Leidenschaft. Der Regisseur aber tritt einen Schritt zurück und betrachtet das Ganze. Er *manipuliert* die Leidenschaft, um sein Ziel zu erreichen, doch er tut das kühl und objektiv.

Beim Schreiben steht der Regisseur für den Teil des Handwerks, der Disziplin heißt. Zu Anfang, wenn das Konzept skizziert wird, ist der Regisseur sozusagen noch im Urlaub. Alle anderen dürfen unterdessen ungehemmt kreativ sein. Sobald aber der Regisseur seine Leitungsfunktion übernimmt, stellt er manchmal geradezu herzlose Anforderungen. Gut möglich, daß er ausgerechnet die Passagen streicht, die den anderen am besten gefallen, und das damit rechtfertigt, daß sie nichts zur Verwirklichung der schöpferischen Absicht beitrügen. Der Regisseur macht sich die anderen Seiten seines Selbst zu Feinden, indem er das fertige Werk leiden-

schaftslos an seinen hohen Qualitätsstandards mißt und entsprechend verändert, wobei er alles opfert, was ihn daran
hindert, es so perfekt wie möglich zu machen. Dabei achtet
er besonders auf den *Erzählfluß*, auf *Frische, Ausgewogenheit*
und *Einheit*.

Den Erzählfluß kontrollieren

Jeder literarische Versuch spielt sich offensichtlich in einem
künstlichen Zeitrahmen ab. Ich habe an anderer Stelle bereits von einem Artikel gesprochen, den ich über Radrennen
in Amerika geschrieben habe. Als Gerüst habe ich ein echtes
Rennen im Velodrom von Trexlertown in Pennsylvania benutzt. Der Artikel begann mit dem Startschuß und hörte mit
der Zieleinfahrt auf. So ein Sprint dauert etwa fünf Minuten,
doch ein Leser braucht zur Lektüre des Artikels etwa zwanzig Minuten.

Der Zeitrahmen des Artikels entspricht also nicht der
Echtzeit. Viel schneller wird das dem Leser klar, wenn ein
Autor in seinem Text zum Beispiel Zwischenüberschriften wie
»Zehn Jahre später« verwendet. Man nimmt diese Information
im Bruchteil einer Sekunde auf; im wirklichen Leben dauert
es nun einmal zehn Jahre, bis zehn Jahre vergangen sind.
Der Autor-als-Regisseur aber sorgt dafür, daß die künstliche
Zeit der Geschichte stetig und folgerichtig voranschreitet.
Das nennt man »den zeitlichen Ablauf und den Erzählfluß
kontrollieren«. Das nun kann selbst für die besten Schrift-
steller zum Problem werden.

Henry James, für gewöhnlich ein wahrer Meister auf diesem Gebiet, nahm sich wegen seines Romans *Roderick Hudson* einmal selbst ins Gebet:

> Nichtsdestoweniger geschieht alles zu pünktlich, geht alles zu rasch voran: Rodericks Verfall, ein langsam fortschreitender Prozeß, der Interesse erregt, gerade *weil* er sich allmählich vollzieht und deshalb verfolgt und beobachtet werden kann, schluckt zwei Jahre auf einmal herunter, vollzieht sich nicht in Jahren, sondern in Wochen und Monaten und leistet dem Ganzen einen Bärendienst, indem er den Anschein erweckt, als werde er als schauerlicher Sonderfall dargestellt.

Als ich auf der High School Hemingways *Der alte Mann und das Meer* zum ersten Mal gelesen habe, habe ich das Werk als geradezu niederschmetternd langweilig empfunden. Nachdem ich es zu etwa zwei Dritteln gelesen hatte, habe ich auf den Rand meines Schulhefts geschrieben: »Warum kappt der Blödmann nicht einfach die Schnur und segelt nach Haus?«

Dabei ist das Buch eine Glanzleistung, was Zeitablauf und Erzählfluß betrifft. Auf nur 130 Seiten gelingt es Hemingway, uns mit der Langweiligkeit des farblosen, sinnlosen, halsstarrigen Kampfes eines Mannes mit einem großen Fisch fast zu lähmen. Das ist eine weit größere Leistung als gemeinhin eingestanden wird; sind wir doch am Ende des Buches so erschlagen wie der alte Mann, weil wir das Gefühl haben, daß wir ebensoviel Zeit mit dem verdammten Fisch verbracht haben wie er.

Henry James war der Überzeugung, »die ewige Zeitfrage« stelle sich für den Romancier »folglich immer. Sie ist immer gewaltig und besteht immer auf dem *Effekt* des großen Vergehens beim Ablauf der Zeit.« Henry James erkannte, daß es für die Kunst von fundamentaler Bedeutung ist, die Zeit zu komprimieren, obwohl das der Wirklichkeit eindeutig nicht entspricht.

Der richtige Erzählfluß in einem literarischen Werk ist erreicht, wenn die Illusion entsteht, daß die Zeit folgerichtig abläuft. Für gewöhnlich vergeht die Zeit in einem angemessenen Verhältnis zum Raum – der Anzahl der Seiten, die der Beschreibung vorbehalten sind. Je größer die Anzahl der Seiten, desto langsamer scheint die Zeit zu vergehen. So kann sich ein Autor absichtlich mehrere Seiten lang bei einer Beschreibung aufhalten, um den Zeitverlauf zu verlangsamen. Das läßt sich auch erreichen, indem man Nebenhandlungen einführt, die den Fortgang der Haupthandlung unterbrechen. Darüber hinaus gibt es noch eine weitere Methode, deren sich Autoren von Trollope bis Maugham zuweilen bedient haben: Der Erzähler spricht einfach mit dem Leser.

Der clevere Autor kann mit der Feststellung »die Zeit verging« durchkommen, wenn er dieser Bemerkung eine dramatische Episode vorausschickt. So verkündet zum Beispiel Nathaniel Hawthorne in seiner Short Story »The Great Stone Face« Ernests Heranwachsen folgendermaßen:

> Die Jahre vergingen, und Ernest war kein Knabe mehr. Er war jetzt zu einem jungen Mann herangereift.

Das ist zwar nicht viel besser als *Zehn Jahre vergingen*, gewinnt aber dadurch, daß Ernest kurz vor dieser Komprimierung eine Enttäuschung erlebt.

Sein Leben lang hat er sich darauf gefreut, einmal dem freundlichen, heroischen Ebenbild des großen »steinernen Gesichts« zu begegnen, das die Natur in eine nahe Bergwand gemeißelt hat. Doch als Ernest Mr. Gathergold begegnet, der

Kupfermünzen in die Menge wirft und als das Große Stone Face bejubelt wird, werden seine Hoffnungen jäh zuschanden; traurig wendet er sich dem Tal zu, wo er, hinter dem heraufziehenden Dunstschleier, am Berg »jene herrlichen Züge erblickt, die sich ihm in die Seele gebrannt hatten«.

Nach dieser dramatischen Erfahrung heißt es: »Die Jahre vergingen.«

Gathergold gerät rasch in Vergessenheit. Bald erklärt das Volk den General Blood-and-Thunder zu seinem neuen Helden, und Ernest, der jeden Tag Stunden mit der Betrachtung des Gesichts im Fels zubringt, verlangt es danach, den General kennenzulernen. Doch erneut wird er enttäuscht.

»Sei unbesorgt, Ernest«, sagt sein Herz, als flüstere das Große Steingesicht selbst es ihm zu – »Sei unbesorgt, Ernest. Er wird kommen.«

Nach dieser dramatischen Szene berichtet Hawthorne uns mit einer Art von literarischem Taschenspielertrick erneut:

> Die Jahre trollten sich rasch und friedlich. Ernest lebte immer noch in seinem heimatlichen Tal und war nun ein Mann mittleren Alters.

Und ein weiterer Kandidat für die Inkarnation des Großen Steingesichts erscheint in Gestalt von Old Stony Phiz, und Ernest, der einfach glauben will, ist beinahe davon überzeugt, daß Phiz der Mann ist, den er sucht. Doch melancholisch und fast verzweifelt muß er sich schließlich eingestehen, daß die Weissagung sich wohl nicht erfüllen wird. Dann lesen wir:

> Die Jahre eilten dahin, wobei sie in ihrer Hast manchmal fast übereinander stolperten, und nun fingen sie an, weiße Haare mitzubringen und sie Ernest über den Kopf zu streuen. Sie

gruben ihm ehrenvolle Falten in die Stirn und Furchen in die Wangen. Er wurde langsam alt.

Am Ende erkennen die Menschen, daß Ernest selbst – dessen Leben die Charakterstärke und das Mitgefühl umfaßte, die er im Großen Steingesicht gesehen hatte – das lebende Ebenbild der Felsskulptur ist.

Hawthornes Trick besteht darin, jedem großen Zeitsprung ein dramatisches Ereignis voranzustellen. Wenn wir auf unser eigenes Leben zurückblicken, sehen wir in der Erinnerung zwischen den Höhen auch Jahre der Tiefen. Und so sind wir bereit, derlei auch in der Literatur zu akzeptieren.

Wenn eine Erzählung plötzlich ohne ersichtlichen Grund schneller voranzueilen scheint, liegt das im allgemeinen daran, daß der Autor sich für die einfache Lösung entschieden hat. Er ist an eine Szene gekommen, die er nicht gern schreiben möchte. Vielleicht kann er sich nicht auf persönliches Erleben stützen und ist deshalb verunsichert. Vielleicht hat er aber die entsprechende Erfahrung gemacht und scheut sich nun, den Schmerz erneut zu durchleben. Jeder von uns hat traumatische Momente erlebt, die er lieber im Schließfach der Erinnerung bewahrt – Szenen am Sterbebett, Fehlschläge, Trennungen. Doch wenn wir über solche Erfahrungen schreiben – und worüber sonst sollten wir schreiben? –, bleibt uns nur die Wahl, sie vollständig und ehrlich wiederzugeben. Dieses Detail wird den Gang der Handlung verlangsamen.

Andererseits entwickelt sich eine Geschichte manchmal langsamer, als wir es wünschen. Unterstellt, daß der Autor weiß, was Zeitablauf und Erzählfluß heißt, unterstellt auch, daß er das konsequent anstrebt, dann steht im Fall sich zu langsam entwickelnder Erzählungen zu vermuten, daß er sein Leuchtfeuer, seine schöpferische Absicht, aus den Augen verloren hat und sich auf Seitenpfade hat locken lassen. Einer dieser Pfade ist das *Dozieren.* Autoren sind Denker, und Denker haben Meinungen, und wenn ein Mensch mit einer eigenen Meinung ein Forum findet, auf dem er sie darlegen kann, hört er manchmal gar nicht wieder auf zu reden. Oder er stürzt sich in wilder Begeisterung auf alle möglichen Beschreibungen, oder er erfindet Szenen nur deshalb, weil sie ihm gefallen. Auf diese Weise können ganze Kapitel entstehen, die nicht nur nichts zur Entwicklung beitragen, sondern ihr sogar Abbruch tun (wie im dritten Kapitel angesprochen).

Probleme mit dem Erzählfluß und dem Zeitablauf gehören einfach dazu, wenn ein literarisches Werk entsteht; und ein Autor kann völlig verkrampfen, wenn er sich zu früh darüber Gedanken macht. Der Autor-als-Regisseur hat den Überblick. Er ist derjenige, der sich beim Redigieren darum kümmert.

Frische

Vor ein paar Jahren saß Snoopy, der Comic-Strip-Beagle aus *Peanuts,* einmal an seiner Schreibmaschine und tippte »Krieg und Frieden« und danach »Jenseits von Eden«, »Vom Winde verweht«, »Zwei Städte«. Schließlich hob er frustriert die Pfoten und rief: »Alle großen Titel sind schon weg!«

Wie ich bereits angedeutet habe, mag es manchmal scheinen, als seien auch die besten Szenarien für den Hintergrund schon längst vergeben; als lebten die besten Charaktere auf den Seiten von Büchern, die schon vor langer Zeit erschienen sind; als seien die besten Sätze längst formuliert. Doch der erfahrene Autor weiß, daß dem nicht so ist. Und solange wir nicht Menschen klonen, solange wird das auch nie so sein, denn jeder von uns ist genetisch und was seine Erfahrung betrifft einmalig. Ich will das einmal folgendermaßen illustrieren: Auf meinem Schreibtisch steht eine Topfpflanze. Weil ich besonders sensibel dafür bin, wie sich etwas *anfühlt*, werde ich die Farbe ihrer Blätter vielleicht als samtenes Dunkelgrün auf einem helleren Satinton beschreiben. Nehmen wir an, Sie sind eher visuell orientiert, dann werden Sie an denselben Blättern unter Umständen die Farbe eines Waldbodens vor dem Hintergrund ausgedehnter Kleewiesen sehen. Wenn Speisen Ihnen wichtig sind, werden Sie womöglich Spinat und Kiwi als metaphorischen Farbgeber heranziehen.

Es gehört zu den Aufgaben des Regisseurs, den Kreativitätseinbruch zu entdecken, der allen Autoren gelegentlich unterläuft, wenn sie sich mit dem Abgegriffenen, dem Blassen und dem Leblosen zufriedengeben. Wenn wir wirklich davon überzeugt wären, daß die besten Titel bereits vergeben sind, dann wären wir doch Narren, noch zu hoffen, jemals etwas Erstklassiges zu Papier zu bringen. Ohne Phantasie kann es kein Talent und keine Kunst geben. Der Regisseur findet, was alt und welk ist, und macht es mit Phantasie wieder jung, lebendig und rosig frisch.

Manche Lehrer versuchen, den Studenten diese Beimischung von Phantasie in ihren Schreibkursen beizubringen, indem sie sie auffordern, eine Liste mit Adjektiven und eine andere mit Substantiven anzulegen und dann willkürlich

Wörter von der ersten Liste mit solchen von der zweiten zu verbinden; das soll zu neuen Ansätzen bei der Beschreibung führen. Nun, das richtet zwar keinen Schaden an, ist aber nach meiner Ansicht auch nicht sonderlich hilfreich. Schreiben lernen wir durch Schreiben und Lesen – wobei es gleichgültig ist, was zuerst kommt, denn beides ist unbedingt erforderlich und muß ständig geübt und gepflegt werden. Das Schreiben schärft unseren Blick als Leser, und das Lesen macht uns zu sorgfältigeren Autoren. Davon abgesehen kann aber die Frische, die ein Werk lebendig und einzigartig macht, nicht außerhalb unserer selbst gefunden werden; nicht in Büchern wie diesem, nicht bei Lehrern, nicht durch ausdauernde Lektüre. Diese Qualität ist das Produkt von Erfahrung und Phantasie, die Erkenntnis zum Beispiel, daß Schmerz mit einem Geräusch einhergeht – mit dem dumpfen, pulsierenden Dröhnen einer Trommel, dem scharfen Schnitt im gellenden Schrei einer Frau. Die Frische, die das Geschriebene zum Leben erweckt, ist nichts anderes als das Resultat der Erkenntnis, daß alles miteinander in Verbindung steht: So können wir von der Farbe einer Berührung reden, vom Geruch eines Farbtons, von der Struktur eines Geruchs. Natürlich kann man das auch übertreiben, – das ist dann der Fall, wenn die Phantasie die Aufmerksamkeit auf sich zieht und damit von der schöpferischen Absicht ablenkt. Noch häufiger als die Übertreibung ist es freilich die Sterilität der Phantasie, die ablenkt.

Ausgewogenheit

Ausgewogenheit und Erzählfluß unterscheiden sich in folgender Hinsicht voneinander: Der Erzählfluß ist eine Funktion der Zeit, er hat mit der Bewegung der wirklichen Zeit und der Erzählzeit des gesamten Werkes zu tun. Ausgewogenheit, Balance, dagegen bezieht sich auf das *Gewicht*, das jedem einzelnen der vielen verschiedenen Teile eines Werkes zugemessen wird. Bei guter Literatur zum Beispiel müssen Dialog und Erzählung sorgsam ausgewogen sein, wohingegen sich der Dialog in der populären Unterhaltungsliteratur über viele Seiten erstrecken kann.

Raum und Zeit, die bestimmten Charakteren eingeräumt werden, müssen entsprechend ihrer jeweiligen Bedeutung ebenfalls ausbalanciert sein. Diejenigen, denen mehr Buchseiten gewidmet werden, erhalten fraglos mehr Gewicht. Gleiches gilt für verschiedene szenische Hintergründe; nur die wichtigen verdienen viel Raum.

Bei umfangreichen, komplexen Büchern kann diese Ausgewogenheit zu einer außerordentlichen Herausforderung werden. Doch wenn die Balance gelingt, wird sie zum Markenzeichen großer Literatur: eine Symphonie aus Haupt- und Nebenhandlungen, aus Charakteren, Hintergründen und Themen, die alle miteinander harmonieren.

Doch diese Ausgewogenheit erreicht man nicht mit Schablonen. Sie hängt vom Wertgefühl des Autors ab. Sie ist immer subjektiv, und das bedeutet, daß sie von Autor zu Autor und von Zeitalter zu Zeitalter immer eine andere ist. Bedenken Sie einmal, welches Gewicht der Moral einer Geschichte in der Literatur des 19. Jahrhunderts beigemessen

wurde. Kate Chopin war eine begabte, emanzipierte realistische Autorin, doch sie bleut einem die Botschaft mancher
ihrer Geschichten so nachdrücklich ein, daß heutige Leser
eine gewisse Ausgewogenheit darin vermissen. In »Ma'ame
Pélagie« zum Beispiel schließt sie mit den Sätzen: »Die arme
Ma'ame Pélagie! Wie könnte es auch anders sein! Indes der
äußere Druck eines jungen und frohen Daseins ihre Schritte
ins Licht gelenkt hatte, war ihre Seele im Schatten der Ruine
zurückgeblieben.« Hätte sich die Autorin diesen letzten
Absatz geschenkt, wäre die Erzählung auch heute noch in
einem gelungenen Gleichgewicht.

Eine andere, jüngere Autorin, der man fehlende Ausgewogenheit vorgeworfen hat, ist Flannery O'Connor. Ihre
Erzählung »The Artificial Nigger« ist ein gutes Beispiel für
Unausgewogenheit. Mr. Head, ein alter Mann, hat durch seinen Starrsinn ein heilloses Durcheinander angerichtet und
seinem Enkel einen Tag voll Verdruß und Seelenpein be-
schert. In seiner Reue aber geht er weit über die angemes-
sene Zerknirschtheit hinaus. Wir lesen:

> »Mr. Head stand reglos da und spürte, wie ihn die Barmher-
> zigkeit erneut berührte, doch diesmal wußte er, daß es auf
> der ganzen Welt kein Wort gab, mit dem man es hätte be-
> nennen können. Ihm war bewußt, daß es aus der Seelenpein
> erwuchs, die keinem Erwachsenen verwehrt und auf selt-
> samen Wegen auch den Kindern zuteil wird. Er begriff, daß
> ein Mensch nicht mehr als Reue in den Tod mitnehmen und
> seinem Schöpfer geben konnte, und so empfand er plötzlich
> eine brennende Scham, weil er so wenig davon besaß, das er
> hätte mitnehmen können. Starr vor Entsetzen stand er da,
> während die Barmherzigkeit wie eine Flamme seinen Stolz

umfing und verzehrte. Er hatte sich nie zuvor für einen großen Sünder gehalten, doch nun erkannte er, daß man seine wahre Verderbtheit bisher vor ihm verborgen hatte, auf daß er nicht in Verzweiflung getrieben werde. Er erkannte, daß ihm seine Sünden von Anbeginn, da er die Sünde Adams auch auf sich geladen, bis zum heutigen Tag, da er den armen Nelson abgewiesen hatte, vergeben waren. Er sah, daß für ihn keine Sünde zu ungeheuerlich war, als daß er nicht würde Anspruch darauf erheben können, und da Gott in dem Maße liebte, in dem Er vergab, war Mr. Head in diesem Augenblick bereit, ins Paradies zu gehen.«

O'Connors Genie ist es zu verdanken, daß die Geschichte, ähnlich wie Hawthornes »Young Goodman Brown«, zumindest als religiöse Literatur immer noch Erfolg hat, – und zwar trotz des erheblichen Ungleichgewichts.

Einheit

Der Regisseur ist auch dafür verantwortlich, daß alle Teile eines Werkes auf die schöpferische Absicht hin ausgerichtet sind.

Leo Tolstoi, der mit *Krieg und Frieden* wohl den umfassendsten, ausladendsten Roman geschrieben hat, sagt:

> Das Wichtigste für ein Kunstwerk ist, daß es so etwas wie einen Brennpunkt besitzt, einen Ort, an dem alle Strahlen zusammentreffen oder von dem sie ausgehen.

Der Brennpunkt (oder die Einheit oder die Singularität) des Werkes rührt von der schöpferischen Absicht her, doch wäre es falsch zu glauben, die Absicht lasse sich vom Werk trennen. Genaugenommen *durchdringt* sie das Werk, sie *ist* sogar das Werk. Alle Teile passen nahtlos und vollständig zusammen und fügen sich zu einer einheitlichen Absichtserklärung.

Deswegen sind Autoren selten mit der Filmversion ihrer Vorlage zufrieden, wird dort doch häufig die Einheit des Themas einfach der Handlungslinie geopfert. Wenn aber Teile des Werkes unwichtig gewesen wären, hätte der erfahrene Autor sie längst gestrichen beziehungsweise erst gar nicht einbezogen. Irgendeinen Teil eines Werkes einfach zu eliminieren bedeutet also im Grunde, es zu verhunzen.

Im Theater der Phantasie hat der Autor die schwierigste Arbeit in seiner Rolle als Regisseur zu bewältigen. Er leistet seinen Beitrag erst in der zweiten, dritten und vierten Fassung oder einer noch späteren. Er erhält ein mit Talent und Leidenschaft verfaßtes Stegreifprodukt und verwandelt es – wenn erforderlich, mit energischen Axthieben – in ein Kunstwerk. Es ist seine Aufgabe, Entwurf, Erzählfluß, Ausgewogenheit, Frische und Einheit gegebenenfalls stark zu ändern. Er entwickelt ein Gefühl für das Gesamtwerk und er entscheidet, ob und wo und wie es Erfolg hat oder scheitert. In dieser Rolle gibt der Autor ein völlig leidenschaftsloses Urteil über das eigene Werk ab.

Der beste Autor-als-Regisseur ist streng mit sich selbst, aber nicht starr im Denken. Er ist leichtfüßig. Er ist beweglich. Man könnte sagen, die meisten Hirne im Raum seien an soliden Doppel-T-Trägern befestigt, seines dagegen an elastischen Bändern, die ihm Flexibilität verleihen und ihn doch sicher in seiner neutralen Position halten. Wenn er in Hochform ist, kann er sogar einen hoffnungslosen Fehlschlag noch in etwas Brauchbares verwandeln. Doch es gibt noch eine weitere Perspektive, aus der ein Autor sein eigenes Material beurteilen muß: die Sicht des Publikums.

7
Der Autor als Zuschauer

Wenn der Autor-als-Regisseur das Werk bearbeitet und alle notwendigen Korrekturen ausgeführt hat, ist es Zeit für die Generalprobe vor dem Autor-als-Zuschauer und für den »Feinschliff«, der die im Werk angelegten Möglichkeiten voll ausschöpfen soll. Wollte man freilich das, was man gleichsam in einem spontanen Kreativitätsschub zu Papier gebracht hat, anderen zeigen, so wäre das, als setze man die erste Probe für ein Theaterstück am Premierenabend an. Kein ernsthafter Autor würde dergleichen auch nur im Traum tun wollen. Es gibt viele erfahrene Autoren, die allenfalls der Person, die das Manuskript tippt, einen Blick auf den ersten Entwurf gestatten. Diese Version ist gewissermaßen noch unausgeschlafen, mit zerzaustem Haar, verklebten Augen, schmerzenden Knochen und schlechtem Atem. Sie ist gerade erst aus dem Bett gestiegen. Sie muß noch gewaschen und frisiert werden und sich mit ein paar freundlichen Klapsen selbst ein wenig Farbe in die Wangen treiben, überdies will sie anständig gekleidet sein.

»Mein erster Entwurf enthält für gewöhnlich nur ein paar Elemente, die es zu behalten lohnt«, sagt Susan Sontag. »Ich muß herausfinden, welche es sind, und auf ihnen aufbauen und all das hinauswerfen, was nicht funktioniert oder einfach nicht lebendig ist.«

»Ich schreibe ein Manuskript so lange um, bis ich es nicht mehr lesen kann«, erklärt Robert Graves, »dann suche ich mir jemanden, der es abtippt. Danach überarbeite ich es und lasse es erneut tippen. Dann mache ich den Feinschliff und lasse ein drittes Typoskript anfertigen. Das ist dann die endgültige Fassung.«

Tolstoi hat einmal gesagt: »Die besten Schriftsteller gehen immer streng mit sich ins Gericht.« Sein Freund und Biograph A. B. Goldenweizer hat geschrieben:

> Wer (Tolstois) unglaubliche Manuskripte nie gesehen hat, nicht die zahllosen umgeschriebenen Passagen, nicht die Zusätze und Streichungen, nicht die dutzendfach neu geschriebenen Szenen – der hat auch nicht die leiseste Ahnung, wieviel Arbeit da eingeflossen ist. ...
> Gestern hat (Tolstoi) von seinem kreativen Arbeitsprozeß gesprochen:
> ›Ich kann nicht verstehen, wie irgend jemand zu schreiben vermag, ohne alles immer wieder umzuschreiben. Ich lese meine publizierten Arbeiten nur selten noch einmal; wenn ich aber doch per Zufall auf eine Seite stoße, sage ich mir immer: Das muß alles umgeschrieben werden; *so* hätte ich es schreiben sollen‹.

Etwas umzuschreiben ist harte Arbeit. Viele Menschen haben trotz ihrer phänomenalen Phantasie und ihres handwerklichen Könnens nichts zustande gebracht, weil sie diese harte Arbeit scheuen. Sie geben sich mit »gut genug« zufrieden. Sie wollen lieber vorankommen und sich an ein neues Projekt machen. Der wahre Schriftsteller dagegen macht es sich zur Pflicht, das einmal begonnene Werk soweit wie möglich zu perfektionieren. Das ist der Unterschied.

Unlängst hat eine Studie der Carnegie Mellon University in Pittsburgh gezeigt, daß schlechte Autoren 93 Prozent ihrer Korrekturen schon bei der Abfassung des ersten Entwurfs anbringen; diejenigen, die eine zweite Fassung erarbeiteten, haben dann nur noch wenige zusätzliche Verbesserungen vorgenommen. Gute Autoren dagegen haben 30 Prozent der Korrekturen erst in der zweiten Version angebracht, wozu auch größere Änderungen in Denkansatz, Form und Struktur gehörten. Dieses Vorgehen hat es ihnen ermöglicht, einen Gedanken erst einmal spontan und ohne lange zu überlegen zu Papier zu bringen und den Feinschliff später vorzunehmen.

Manche Menschen haben zu ihrem Glück Freunde, die ein Rohmanuskript beurteilen können und wollen. Noch als er längst ein berühmter Schriftsteller war, pflegte Thomas Mann Freunde zu bitten, seine Manuskripte zu lesen, und er nahm ihre Kommentare ernst. Als er im Alter von 68 Jahren an dem Roman *Doktor Faustus* schrieb, las er einem Freund einen Abschnitt vor:

(der) zeigte sich aber grämlich des Schlusses wegen, der letzten vierzig Zeilen, in denen es nach all der Finsternis um die Hoffnung, die Gnade geht, und die nicht dastanden, wie sie jetzt dastehen, sondern einfach mißraten waren.
Ich war zu optimistisch, zu gutmütig und direkt gewesen, hatte zu viel Licht angezündet, den Trost zu dick aufgetragen. Die Bedenken, die mein Kritiker dagegen erhob, mußte ich als nur zu berechtigt anerkennen. Am nächsten Morgen gleich setzte ich mich zur gründlichen Überholung

der anderthalb oder zwei Seiten nieder und gab ihnen die behutsame Form, die sie jetzt haben.

Manche Schriftsteller haben das Glück, jemanden zu kennen, der willens ist, bei einer Generalprobe das Publikum zu spielen, und der, was noch wichtiger ist, konstruktive Kritik beisteuern kann. Gewöhnlich bringt ein unerfahrener Kritiker für den Anfänger kaum einmal etwas Gutes, richtet vielleicht sogar großen Schaden an, weil es ihm häufig an Sensibilität mangelt, was die schöpferische Absicht des Autors angeht. Da kann es schon einmal passieren, daß solch ein Kritiker tadelt, was dem Autor gelungen ist, und ihn für etwas lobt, bei dem er versagt hat. Und der ohnehin unsichere Neuling nimmt dann womöglich diese irreführende Kritik für bare Münze und richtet sich nach den falschen Schlußfolgerungen. In diesem Fall ist es fraglos besser für ihn, nur seinen eigenen Rat als Regisseur und als Publikum gelten zu lassen als die Anmerkungen ungeschulter Kritiker. Das zumindest ist ein Vorteil von Schreibkursen und Seminaren: Die Dozenten und Kursleiter können Grundregeln für Kritik und Interaktion unter den Teilnehmern nach folgenden Richtlinien festlegen:

- Was will der Autor erreichen, was ist seine schöpferische Absicht?
- Wie erfolgreich war er bei der Verwirklichung dieser Absicht?
- Wie hätte er sein Ziel im Kontext seines Werkes effektiver erreichen können?
- War es der Mühe wert? Hat er unser Interesse geweckt?

Ein sensibles, gescheites, kenntnisreiches Publikum kann von unschätzbarem Wert sein, doch der Autor selbst muß immer sein erstes und wichtigstes Publikum bleiben. Er muß objektiv sein, darf weder von sich und seinem Werk so eingenommen sein, daß er Fehler und Schwächen nicht wahrnimmt, noch so überkritisch, daß er gar die eigene Arbeit abwürgt oder durch Verschlimmbesserungen gestelzt und geschraubt macht. Ein wichtiger Schritt bei der Entwicklung eines jeden guten Schriftstellers ist, daß er zum unvoreingenommenen Publikum für die eigenen Arbeiten wird.

Dabei ist es immer hilfreich, die Arbeit ein paar Wochen in der Schublade zu lassen, ehe man sich an die Überarbeitung macht. Wenn wir sie uns dann wieder vornehmen, können wir lesen, was wir tatsächlich *geschrieben* haben und nicht, was wir *gemeint* hatten.

Eine andere Möglichkeit ist, ein Werk laut zu lesen. Eudora Welty, die so vorgeht, meint: »Ich habe etwas Wichtiges dabei gelernt: Laut lesen ist eine wunderbare Feuerprobe für ›richtig‹ oder ›falsch‹. Man hört jeden Fehler wie ein Echo. Man lernt, wo man streichen muß, wo man etwas mehr als einmal gesagt hat. Auf dem Papier mag derlei nicht überflüssig erscheinen; wenn man es aber laut sagt, wird es einem bewußt.« Hier nun einige Aspekte, nach denen der Autor-als-Publikum Ausschau hält:

Überflüssige Wörter

Ganz gleich, ob Sie nun leise oder laut lesen: streichen Sie die überflüssigen Wörter zusammen. Ich habe meinen Studenten vorgeschlagen, sie sollten mir einen Dollar für jedes überflüssige Wort zahlen, das ich in ihren »fertigen« Manuskripten finde. Ich habe zwar noch nie auch nur einen Cent bekommen, aber die meisten Studenten entdecken plötzlich jede Menge überflüssige Wörter auf jeder Seite.

In der Regel haben sich die wortreichen Autoren bloß den falschen Spielleiter ausgesucht; nämlich einen, der unter Anmaßung leidet. Sie sollten eine andere Erzählstimme finden, eine, die eben weiß, wie man es am einfachsten sagt – nämlich *einfach*. Jedes Publikum wird dafür dankbar sein.

W. Strunk und E. B. White behaupten:

> Kraftvolles Schreiben ist präzise und knapp. Ein Satz sollte keine überflüssigen Wörter, ein Absatz keine überflüssigen Sätze enthalten, und zwar aus demselben Grund, aus dem eine Zeichnung keine überflüssigen Linien und eine Maschine keine überflüssigen Teile enthalten sollte. Das erfordert nun nicht, daß ein Autor nur kurze Sätze schreibt, auch nicht, daß er sämtliche Details ausläßt und seine Themen nur in Umrissen abhandelt, sondern daß jedes Wort ›sitzt‹.

Das Publikum erkennt sehr rasch, wenn etwas allzu schwerfällig, ausschweifend und langweilig geschrieben ist. Es spendet Beifall, wenn es ein Genuß ist, und verzeiht kleinere Mängel. Aber wenn man sein Publikum mit Langatmigkeit zum Gähnen bringt, wird es in Scharen das Theater verlassen, das Buch oder die Zeitschrift angewidert zuschlagen und etwas anderes suchen. Der Autor darf seine Leser ruhig gegen sich aufbringen und sie sogar schelten, ist er doch zuallererst seiner schöpferischen Absicht verpflichtet. Unentschuldbar ist es, wenn er etwas Langweiliges produziert. Genau das aber erzeugen Weitschweifigkeit und Langatmigkeit.

Überflüssige Textpassagen

Manchmal müssen nicht nur Wörter, sondern auch ganze Sätze, Absätze und sogar Seiten gestrichen werden. Robert Louis Stevenson besteht darauf, ein Schriftsteller müsse »vieles streichen und noch mehr weglassen«.

> Er muß weglassen, was langweilig oder belanglos ist, und er muß streichen, was langweilig ist und nicht notwendig. ... In solch einem Bild hätte nichts etwas verloren, das nicht unmittelbar dazu dient, die Komposition abzurunden, das Farbschema zu betonen, die Perspektiven voneinander zu trennen und im Betrachter den vom Künstler gewählten Gefühlston anzuschlagen. In einer solchen Geschichte wäre nichts erlaubt, das nicht zugleich die Handlung voranbringt, die Charaktere entwickelt und die moralische oder philosophische Absicht klar zum Ausdruck bringt.

Weiter heißt es, nur allzu häufig werde leider »unsere kleine Melodie vom Getöse nicht benötigter und unzweckmäßiger Instrumentation übertönt; unsere leidenschaftliche kleine Geschichte ersäuft in einem Meer beschreibender Beredsamkeit oder schludriger Dialoge.«

Selbst hervorragende Autorinnen und Autoren sind gegen einen Anflug von Wortreichtum und Weitschweifigkeit nicht immer gefeit. Obwohl Anton Tschechow ein großer Bewunderer von Maxim Gorki war, hat er dem jüngeren Schriftstellerkollegen einmal geschrieben:

> Sie erinnern mich da an einen Theaterbesucher, der seine Begeisterung so freimütig und ungehemmt zum Ausdruck bringt, daß er sich und andere am Zuhören hindert. Dieser Mangel an Zurückhaltung wird besonders bei Natur-

beschreibungen spürbar, mit denen Sie Ihre Dialoge unterbrechen. Wenn man diese Beschreibungen liest, wollte man, sie wären kompakter, kürzer, blieben, sagen wir mal, auf zwei oder drei Zeilen beschränkt. Die häufige Erwähnung von Zartheit, Flüstern, samtener Weichheit und so fort verleiht diesen Beschreibungen einen Anflug von Schwulst und Monotonie – und damit kühlen Sie den Leser ab, ermüden ihn beinahe. Fehlende Zurückhaltung macht sich auch bei der Beschreibung von Frauen bemerkbar ... und in den Liebesszenen. Das zeigt nicht etwa Vitalität oder literarische Spannweite, sondern einfach nur Mangel an Zurückhaltung.

Farbigkeit und Ausdruckskraft in der Beschreibung der Natur werden allein durch Schlichtheit erlangt; mit so einfachen Wendungen wie ›die Sonne ging unter‹, ›es wurde dunkel‹, ›es begann zu regnen‹ und so fort – und diese Schlichtheit besitzen Sie recht eigentlich in hohem Maße; bei Romanciers wirklich eine Seltenheit.

Unbeständige Erzählstimme

Eine weitere Ablenkung, die sich in eine längere literarische Arbeit einschleichen kann, ist eine für den Autor fast unmerkliche Veränderung der Erzählstimme. Bei Artikeln und Kurzgeschichten wird das nur selten zum Problem, weil sie für gewöhnlich ziemlich rasch und in einem Zug geschrieben werden. Ein Buch zu schreiben dauert Monate oder Jahre, und das Verhältnis zwischen Autor und werdendem Werk kann von seinen Erlebnissen während dieser Entstehungszeit beeinflußt werden. An manchen Tagen springt er vielleicht voll Witz und Tatendrang aus den Federn, an anderen dagegen ist er nervös und reizbar. Mal strotzt er vor Selbstvertrauen, mal fühlt er sich unsicher; heute ist er mit besonderer Eloquenz gesegnet, morgen mit Trägheit geschlagen. Solche Stimmungsschwankungen können sich, wenn auch nur schwach, in der ersten Niederschrift eines Buches niederschlagen.

So wird ein Autor bisweilen »ich habe es« schreiben, gelegentlich »ich hab's«. In dem einen Kapitel werden ihm komplizierte Satzkonstruktionen perfekt gelingen, im anderen werden sie gespreizt und albern erscheinen. Der Autor-als-Publikum wird nach derlei Unstimmigkeiten suchen und bei der Korrektur auf Folgerichtigkeit achten.

Er wird auch nach Wörtern suchen, die sich irgendwie eingeschlichen haben und gar nicht zum Charakter der Erzählstimme passen. Flannery O'Connor hat einem Kollegen einmal den Rat gegeben, er solle das »Buch Satz für Satz durchgehen und … Wörter wie *chillily, intoxicatedly* herausnehmen«. Sie hat auch von Slang und umgangssprachlichen Wendungen abgeraten.

Jene Wörter waren nicht nur übertrieben, sie waren schlicht falsch, und die Erzählstimme schlug hier einen sehr gewöhnlichen Ton an, wie O'Connor das nennt. Der Ton ist freilich ein subtiles Element, und Unstimmigkeiten darin sind nicht so einfach zu entdecken wie überflüssige Wörter oder Textpassagen. Ein hilfreicher Trick besteht darin, immer daran zu denken, daß der Erzähler oder Spielleiter in jedem Fall eine *Fiktion* ist. Der Erzähler ist selbst in der Sachliteratur ebenso eine Illusion der Wirklichkeit, wie es Zeit, Charaktere und die szenischen Hintergründe sind; er existiert sowohl als Stimme, die ein Werk übermittelt, als auch als

Mittel, um eine bestimmte Wirkung zu erzielen. Der Erzähler muß seine Diktion – formell, halbformell, informell – beibehalten; ebenso sein Vokabular, seine Haltung dem Leser gegenüber (spricht er diesen direkt mit »du« oder »Sie« oder ganz allgemein in der dritten Person an?) und den Grad der Intensität (spricht er von sich selbst in der ersten Person?). Der Autor-als-Publikum lauscht aufmerksam auf jedes Wort und auf jeden falschen Klang.

Schwache Wörter

Wörter sind, wie ich im ersten Kapitel bereits gesagt habe, ein intellektuelles Medium. So gesehen, stehen sie der Möglichkeit, Literatur emotional zu erfahren, eigentlich im Wege. Aber das trifft nicht auf alle Wörter zu. Manche stehen symbolisch für so starke, gefühlsbesetzte Ideen oder Objekte, daß sie wegen dieser Assoziationen, selbst losgelöst aus jeglichem Kontext, noch eine Reaktion hervorrufen. Um einige Beispiele zu nennen: *Blut, Genitalien, Haß, Nigger, Erbarmen, Tod*.

Die Sprache ist reich an solchen emotional aufgeladenen Begriffen, und das Können eines Autors läßt sich unter anderem daran messen, ob er einen sicheren Instinkt dafür besitzt, wenn vielleicht auch nicht beim ersten Entwurf, so doch bei der Überarbeitung. Vergleichen Sie bitte die folgenden zwei Textabschnitte, der erste ist von mir, der zweite von Yukio Mishima:

> Als der Leutnant endlich den Schnitt zur rechten Seite geführt hatte, war die Klinge herausgerutscht. Ihm wurde

schlecht, und er stieß einen rauhen Schrei aus. Die Wunde brach auf. Der Kopf des Leutnants sank zur Seite, sein Rücken krümmte sich, und seine Augen öffneten sich zu schmalen Schlitzen.

Wenn Sie das schon für kaum erträglich halten, sollten Sie die entsprechende Originalpassage aus Mishimas Feder vielleicht besser nicht lesen (die Hervorhebungen sind von mir):

Als der Leutnant endlich den Schnitt bis zur rechten *Bauch-seite* geführt hatte, war die Klinge so weit herausgerutscht, daß der mit *Blut* und *Fett* beschmierte Stahl sichtbar wurde. Plötzlich stieß der Leutnant einen rauhen Schrei aus und *übergab sich.* Durch *das Würgen* verstärkte sich *der grimmige Schmerz,* und der kompakt gebliebene *Magen* hob sich abrupt, so daß nun die Wunde aufbrach und ihrerseits *die Eingeweide ausspie,* die geradezu *widerwärtig vital* wirkten und den Eindruck robuster Gesundheit erweckten. Der Kopf des Leutnants sank zur Seite, sein Rücken krümmte sich, die Augen öffneten sich zu schmalen Schlitzen, und aus dem Mund *sickerte* ein wenig *Speichel.*

Die Passage aus »Patriotismus«, die sich über vier Seiten hinzieht, ist fürchterlich in ihrer lebhaften, realistischen, emotionalen Sprache. (Ich habe einen der vergleichsweise weniger schmerzlichen Absätze ausgewählt.) Aber es läßt sich nicht leugnen, daß Mishimas Prosa wegen der Wörter, die er benutzt, direkt das Gefühl anspricht.

Für das Publikum schreiben

Der Schriftsteller darf nie vergessen, daß er für ein Publikum schreibt. Hemingway sagt:

> Wenn du Anfänger bist und zum ersten Mal schreibst, mißlingt dir nichts. Du denkst, es ist wunderbar, und du amüsierst dich großartig. Du denkst, schreiben sei einfach, und es macht dir viel Spaß, aber du denkst dabei nur an dich selbst, nicht an den Leser, und dem macht es nicht sonderlich viel Spaß. Später, wenn du gelernt hast, für Leser zu schreiben, ist es nicht mehr einfach.

Es wird schwieriger, weil jetzt alles mit den Augen jenes besonderen Publikums geprüft und zum Vergnügen der Leser geschrieben werden muß.

Gewiß gibt es einige Schriftsteller, die allein zu ihrem eigenen Vergnügen geschrieben haben und für niemand sonst, doch der überwiegende Teil literarischer Werke, an denen wir Gefallen finden und die wir preisen, stammt von denen, die sich mit ihrer Leserschaft identifiziert und ihr Werk aus deren Perspektive beurteilt haben.

Charles Dickens bietet eins der besten Beispiele dafür. Er hat darauf bestanden: Ein dramatisches Werk dürfe »niemals die exklusive Domäne einer kleinen Gruppe Intellektueller sein, sondern es muß jeden ansprechen, der ein Gefühl für Schönheit besitzt...«

Einem seiner Biographen zufolge hat Dickens »für den großen Ozean der Menschheit« geschrieben. Seine Kraft »lag in der Tatsache, daß er mit außerordentlicher Energie und Brillanz die Dinge angesprochen hat, die uns allen am kollektiven Herzen liegen, dem Heiligen so gut wie dem Sünder, dem Philosophen wie dem Narren; wobei das Gemeinsame das ist, was in uns allen Babys liebt und Angst vor dem Tod hat. Und eben auch das, was sich an Dickens erfreut.«

Kein Autor ist größer als sein Publikum; zumindest dann nicht, wenn es darum geht, das eigene Werk zu beurteilen. In diesem Fall nämlich sitzt er lediglich als ein Zuschauer unter vielen im Publikum.

8
Klang und Musik

Die beste Literatur ist melodisch. Russische Autoren haben in diesem Zusammenhang von »Orchestrierung« gesprochen. Im englischen Sprachraum sprechen Wissenschaftler von *Euphonie* oder Wohlklang. Musik schafft den Ton, der das Werk durchdringt, schafft das Gefühl, das Boris Pasternak seinem Roman *Doktor Schiwago* mit Worten gegeben hat und das in der Filmversion in »Laras Thema« wirklich Musik geworden ist. Dem Schriftsteller stehen nun aber keine Trompeten und Trommeln, keine Flöten und Geigen zu Gebote. Doch wenn er gut ist, beherrscht er dafür Kadenzen, Rhythmen, Assonanzen, Konsonanzen und Lautmalerei – all das, womit seine Werkzeuge, die Wörter, über ihre ursprüngliche Bedeutung hinausweisen können.

Der erfahrene Autor benutzt diese Stilmittel sparsam und effektiv. Im Grunde kann er gar nicht anders, als sie zu benutzen, denn sie sind integraler Bestandteil seines Kommunikationsvermögens. Sie gehören zum traditionellen Handwerkszeug des Poeten und haben manchen Kritikern zufolge in der Prosa nichts zu suchen.

René Wellek und Austin Warren schreiben in ihrer *Theorie der Literatur:*

Der künstlerische Wert rhythmischer (und im weiteren Sinn euphonischer) Prosa wird immer noch diskutiert und ist immer noch diskutierbar. Der modernen Vorliebe für Reinheit in den Künsten und Gattungen zufolge, hat der moderne Leser seine Poesie lieber poetisch und seine Prosa lieber prosaisch. ... Doch dies ist wohl ein kritisches Vorurteil unserer Zeit. Eine Verteidigung rhythmischer Prosa würde wahrscheinlich die gleiche Form annehmen wie eine Apologie des Verses. Ist der Prosarhythmus gut durchgeführt, dann zwingt er uns zu einem genaueren Erfassen des Textes; er unterstreicht, bindet zusammen, baut Steigerungen auf und deutet Parallelismen an; er ordnet die Rede, und Anordnen ist Kunst.

Den Puristen, die etwas gegen rhetorische oder »poetische« Stilmittel in der Prosa einzuwenden haben, fehlt jedes Verständnis für das, worum es in der Literatur geht, nämlich um Kommunikation. Und die muß direkt sein und nachdrücklich und darf sich *eines jeden verfügbaren Mittels* bedienen. Wer darauf besteht, daß ein guter Autor auf die Stilmittel, die Musik, verzichtet, die wir gemeinhin mit Dichtung verbinden, der könnte ebensogut von einem Dirigenten verlangen, Tschaikowskys *Ouvertüre »1812«* ohne Schlaginstrumente und ohne Streicher zu präsentieren.

Tatsächlich ist der Unterschied zwischen guter Prosa und der Poesie sogar eher künstlich. Goldenweizer berichtet, daß er Tolstoi eines Abends ein Präludium von Chopin vorgespielt hat, und als er damit fertig war, hat der große Romancier geschwärmt: »Solche Kurzgeschichten sollte man schreiben!«

Nehmen Sie zum Beispiel folgenden Text:

Jeder von uns ist all die Summen, die er nicht gezählt.

Versetze uns zurück in Nacht und Nacktheit,

Und du wirst seh'n, daß eine Liebe, die gestern erst

in Texas endete,

Auf Kreta vor viertausend Jahren ihren Anfang nahm.

Die Saat uns'res Verfalls wird in der Wüste blühen,

Am Bergfels aber wächst das Kraut für unser Heil.

Und uns're Leben werden heimgesucht

Von einer Frau mit üblem Ruf aus Georgia,

Nur weil in London einst ein Beutelschneider

Wider Gesetz und gute Sitten ungehenkt geblieben.

Ein jeder Augenblick ist Frucht von vierzigtausend Jahren.

Die Tage, an Minuten abgemessen,

Sind nichts als Fliegen, die zu Tod sich summen.

Und jeder flücht'ge Augenblick das Fenster,

Das stets auf alle Zeit hinausweist.

Das Zitat, leicht verändert und rhythmisiert, ist aus dem Roman *Schau heimwärts, Engel!* von Thomas Wolfe. Ist es damit jetzt Poesie? Ist Walt Whitmans »Leaves of Grass« ein Prosagedicht oder poetische Prosa? Das müssen die Leute beantworten, die solche Arbeiten den entsprechenden Schubladen zuordnen, nicht aber der Autor, der seine Arbeit mit leuchtenden Farben besprühen und Gemälde daraus machen darf oder der sie behauen und glätten darf wie der Bildhauer einen Marmorblock. Die Literatur ist eine *umfassende* Kunst, und zu dem, was sie einschließt, gehören fraglos auch die Stilmittel der Dichtung.

Es ist eine Tatsache, daß fast alle Schriftsteller die Melodie ihrer Sprache nutzen, sei es nun bewußt oder unbewußt. Und Erfolg oder Mißerfolg hängen in hohem Maße davon ab, ob diese Musik die Wirkung steigert oder ob sie nur ablenkt.

Hemingway besaß so wenig davon, daß die kühle Sachlichkeit seines Stils die Aufmerksamkeit häufig auf sich zieht. Ganz anders Jack Kerouac, er war vom Klang seiner Worte so hingerissen, daß ihre Bedeutung zuweilen auf der Strecke blieb. Instrumente des Wohlklangs sollten in jedem Fall den Sinn des Materials reflektieren und nicht davon ablenken.

Rhythmus

Wir sind uns des Rhythmus oder Versmaßes in der Lyrik zumeist mehr bewußt als in der Prosa, und so soll es auch sein. Doch hören wir uns einmal die folgende Passage aus James Agees *Preisen will ich die großen Männer* an:

> Überall in Alabama sind die Lichter aus. Jedes Blatt durchtränkt die Berührung; das Netz der Spinne ist schwer. Die Straßen liegen da, ohne daß sie genutzt werden. Die Felder liegen da, ohne daß sie bearbeitet werden, weder von Mensch noch von Tier. Die Pfluggriffe sind naß, und die Schienen und die Plattschienen und das Unkraut zwischen den Schwellen und nicht einmal das Eilen und heisere Jammern eines fernen Zuges, auf anderen Wegen, ist zu hören.

Zunächst einmal ist da die Monotonie der Szene, die Stille, die Stumpfheit und Langeweile. Das alles spiegelt sich in Agees Parallelkonstruktion:»Die Straßen liegen da, ohne daß sie genutzt werden. Die Felder liegen da, ohne daß sie bearbeitet werden...«*

---

* Der Diskurs über die wiederholten »H-Laute« im amerikanischen Original wurde übergangen, weil der ursprüngliche Beweis anhand der Übersetzung ins Deutsche nicht mehr zu erbringen ist. A. d. Ü.

Doch mir kommt es hier besonders auf den Rhythmus an: »Die Pfluggriffe sind naß / und die Schienen und die Plattschienen / und das Unkraut zwischen den Schwellen / ...« Wer sich diese Passage laut vorliest, wird mühelos in einen Rhythmus fallen, der die Stimmung von Agees Worten widerspiegelt.

So wunderbar Hawthornes *Der scharlachrote Buchstabe* auch ist, so fehlt dem Roman doch die rhythmische, musikalische Qualität. Und weil er sie besitzt, schwingt Herman Melvilles *Moby Dick* sich in literarische Höhen. Hawthorne hätte *Moby Dick* nicht schreiben können und Hemingway auch nicht, denn keiner der beiden hat einen Rhythmus beherrscht, der dem Thema von Melvilles Buch entsprochen hätte; einen Rhythmus, der aufsteigt und über große Ozeane und große Themen rollt. Diesem Rhythmus bringt Melville Opfer. Schwächen und Mängel bei Wortwahl, Diktion und Grammatik sind der Preis. Doch Melville war sich bewußt, daß Wörter lediglich den Intellekt ansprechen. Der Rhythmus aber – ähnlich der Orgelmusik in den Kinopalästen der Stummfilmzeit und auch noch in den Kirchen unserer Tage – sagt dem Publikum, was es fühlen soll:

Die warmen, klaren, duftenden, überquellenden, überströmenden Tage schimmerten wie Kristallgläser, bis an den Rand gefüllt mit persischem Rosenwasserschnee. Die hohen, gestirnten Nächte waren wie stolze Frauen in Samt und glitzerndem Geschmeide, die in einsamen Herzen das Bild ihres Helden tragen, des Siegers im Goldhelm, der Sonne. Helle Tage, berückende Nächte – wir waren müde und wußten nicht, wann wir schlafen sollten. Was sollten wir wählen? Und dieser beständige Frühling verzauberte nicht nur die

Welt rings um uns her, er verwandelte auch unsere Herzen, vor allem, wenn die Abendstunden sanft und leise nahten. Dann stiegen Erinnerungen auf und schossen zusammen wie die Eiskristalle, die auch am liebsten in den stillen Stunden der Dämmerung sich bilden. Das alles wirkte und wob unablässig an Ahabs Wesen.

Und später:

›Der Wal! Luv an! Der Wal! Haltet mich, ihr freundlichen Mächte der Luft, fester, fester! Laßt Starbuck nicht die Sinne vergehen wie einem Weibe, wenn er sterben muß! – Luv an, sag ich, seht ihr den Wal nicht? – Das ist nun das Ende all meiner heißen Gebete, all meiner Treue mein Leben lang? Ahab, sieh her, dein Werk! – Stütz, Ruder, stütz! Nein, wieder anluven! – Er wendet, er kommt auf uns zu mit seiner unerbittlichen Stirn, ich muß hier ausharren, es ist meine Pflicht. Mein Gott, jetzt steh mir bei.‹

Melvilles Rhythmus in *Moby Dick* spiegelt das Thema des Romans so perfekt wider, wie es perfekter kaum einem anderen Autor je gelungen ist. Man kann im ersten Auszug förmlich *spüren*, wie das Schiff durch sanft gekräuselte Wellen gleitet, und im zweiten, wie es durch sturmgepeitschte Wogen pflügt.

Lassen Sie uns das jetzt mit den folgenden Passagen aus F. Scott Fitzgeralds *Der große Gatsby* vergleichen:

Beide waren ganz in Weiß; ihre Gewänder wirbelten und flatterten, als seien sie nach einem kurzen Flug ums Haus nur eben hereingeweht. Ich stand wohl ein paar Augenblicke starr und lauschte dem Geknatter der Vorhänge und dem Ächzen eines Bildes an der Wand. Dann gab es einen dumpfen Laut, als Tom Buchanan die beiden Fenster an beiden Enden des Raumes schloß. Der Luftzug erstarb. Die Gardinen, die Vor-

hänge und die beiden Frauen schwebten langsam zur Erde
hernieder.

Und an anderer Stelle:

Ihr Gesicht hatte einen rührenden Liebreiz und leuchtete aus
sich – es leuchteten die Augen, und es leuchtete der leidenschaftlich geschwungene Mund; in ihrer Stimme aber war
etwas Erregendes, das Männer, die sie einmal geliebt hatten,
nur schwer vergaßen: ein bestrickender Ton, ein geflüstertes
›Hör zu‹, ein lockendes Versprechen, als sei sie eben noch mit
köstlichen und aufregenden Dingen beschäftigt gewesen und
als winkten solche köstlichen und aufregenden Dinge auch
im nächsten Augenblick.

Hier spiegelt der Rhythmus die Wörter, die ihn produzie-
ren: luftig, wirbelnd, leuchtend und, im Gegensatz zu Melvilles Rhythmus, nicht voraussagbar.

In seiner zum Klassiker gewordenen Biographie *Napoleon*
benutzt Emil Ludwig das Stakkato, den Rhythmus und den
Marschtritt des Krieges:

… und während er morgen mit dieser einen Schlacht das
Kaiserreich Karls des Großen neu erwecken will, das tausend
Jahre schlief, greift seine maßlose Phantasie zurück nach
Asiens Wüsten, wo ein Steinhaufen ihm widerstanden hat,
hängt sich an jenen andern, damals geborstenen Plan und
folgt in schwärmenden Gedanken der Gestalt des Macedo-
niers bis zum Ganges.
Der Tag bricht an: heut vor einem Jahr hat er sich auf den
Altarstufen von Notre-Dame den goldenen Lorbeer auf die
Stirn gedrückt. In feuriger Proklamation ruft er seinen Trup-
pen den Tag zurück und schließt mit dem Versprechen, er
werde sich heute dem Feuer nicht aussetzen.

Nie vorher hat die Geschichte dies Wort eines Feldherrn verzeichnet: alle eilten zu beteuern, sie würden an der Spitze der Armee dem Tode trotzen. Napoleon, aus zwanzig Schlachten dem Grenadier vertraut, der in ihm den einzigen vom Glück begnadeten Führer sieht, darf als der erste seine eigene Schonung den Leuten als Preis ihrer Tapferkeit anzubieten wagen.

Wenn es auch *in der Theorie* so scheinen mag, als müsse es den Leser unterbrechen, wenn der Rhythmus der Stimmung eines Werkes angepaßt wird, so sollten Autoren – im Gegensatz zu Kritikern – ihre Zeit nicht mit Theorien verschwenden, ist doch offenbar jede Technik gut, wenn sie funktioniert, und schlecht, wenn sie nicht funktioniert.

So berichtet Wolfgang Kayser in *Das sprachliche Kunstwerk* folgende Begebenheit:

Theodor Storm dankte seinem Freund Paul Heyse, daß er ihn auf den Jambenfluß in seinem *Fest auf Haderslevhuus* aufmerksam gemacht hatte und fühlte sich beschämt, daß ihm als altem ›Praktikus‹ der Prosaerzählung so etwas passieren konnte. Durch kleine Änderungen beseitigte er, was ihm ein glatter Fehler der Prosa zu sein schien:
A: *Ich hab doch darum nicht den Tod gefreit ...*
B: *Ich hab darum doch nicht den Tod gefreit ...*
Die einfache Umstellung (nur aus rhythmischen Gründen!) bedeutet sehr viel. Von den bisherigen fünf Hebungen verschwinden zwei völlig (hab, nicht), und eine metrische Grundlage gibt es nicht mehr. Die erste Fassung (A) mußte aber tatsächlich im Jambenschritt gelesen werden.*

---

* Deutsches Beispiel hinzugefügt. A. d. Red.

Nehmen wir einmal an, wir befänden uns im Jahr 1776, und ich wäre ein junger amerikanischer Kolonist, der die britische Tyrannei verabscheut. Ich setze mich hin und verfasse eine Flugschrift, die meine Landsleute zur Revolution aufrufen soll. Und weil ich absolut kein Talent dazu habe, fange ich vielleicht folgendermaßen an: »In Zeiten wie diesen lastet es schwer auf den Seelen der Männer und auch auf denen der Frauen und Kinder. All jene, die auch sonst immer nur reden, aber nicht handeln, werden feige sein und sich drücken, doch jene, die tapfer handeln, wird man zu schätzen wissen.«

Thomas Paine war die Sache damals anders angegangen. In Wortwahl und Rhythmus hat er einen scharfen Ton angeschlagen:

Dies ist die Zeit, die eines Mannes Seele prüft: Schönwetterpatrioten und die Sommerkrieger – sie werden sich in dieser Krise dem Dienst an ihrem Vaterland entziehen. Doch wer jetzt seine Pflicht erfüllt, nicht weicht noch wankt, verdient die Liebe und den Dank der ganzen Bürgerschaft.

Das Metrum des ersten Satzes erlaubt im Grunde nur eine ganz bestimmte Betonung. Der Rhythmus ist eindeutig: »*Dies* ist die *Zeit*, die eines Mannes *Seele* prüft.« Das sind die explosiven Wörter eines Redners. Während wir lesen, hören wir gleichsam, wie er mit der Hand immer wieder aufs Pult schlägt, hören wir den Marschtritt von Soldaten.

Doch sehen wir uns einmal an, wie federnd und schmiegsam der Rhythmus desselben Autors wird, wenn er sich an ein gebildetes Publikum wendet:

Auf den folgenden Seiten biete ich nur simple Tatsachen, klare Schlußfolgerungen und gesunden Menschenverstand. Und ich erwarte vorab vom Leser nichts weiter, als daß er Befangenheit und Voreingenommenheit ablegt und seiner Vernunft und seinen Gefühlen die Entscheidung überläßt, daß er einen wahrhaft männlichen Charakter annimmt, respektive nicht ablegt und seine Ansichten über den Tag hinaus großzügig ausweitet.

Der Anpassung des Rhythmus an das Thema ist nur eine Grenze gesetzt, von der ich bereits gesprochen habe: Es muß funktionieren, ohne vom eigentlichen Gegenstand abzulenken. An diese Grenze stoßen wir bei jedem Aspekt des Schreibens: Wenn die Technik von der schöpferischen Absicht ablenkt, ist es eine schlechte Technik. Wenn der Rhythmus – sei er nun fließend oder abgehackt oder wie auch immer – dem Leser bewußt wird, dann ist der Autor übers Ziel hinausgeschossen.

Leser sind freilich nicht geklont, halten sich nicht alle an die gleichen kritischen und literarischen Standards, haben nicht die gleichen Einblicke. So hat man zum Beispiel Melville vorgehalten, dem Rhythmus bestimmte Opfer gebracht zu haben; Opfer, die andererseits unvermeidlich waren, wollte er die Dynamik von *Moby Dick* durchhalten. Die Frage »Wieviel ist zuviel?« kann nur der Künstler selbst beantworten. Er weiß, was er erreichen will. Sein erstes und würdigstes Publikum ist immer er selbst. Wenn er es denn also wirklich vorzieht, »das gedämpfte Schillern eines frühen Morgenhimmels« zu schreiben und nicht »die stille Glut des Morgens«, dann tut er, was er tun muß.

Lautharmonie und Gleichklang

Assonanzen (der Gleichklang nur der Vokale, wie zum Beispiel in Unterpfand/wunderbar), Alliterationen und anderer Versschmuck werden als Prosa-Stilmittel nicht von allen Autoren geschätzt. Flaubert hat Wiederholungen, gleich welcher Art, nicht ausstehen können. Er hat sich zum Beispiel geweigert, ein Wort zweimal auf derselben Seite zu benutzen, eine Aversion, die er so beschreibt: »Wenn ich in einem meiner Sätze eine Assonanz oder eine Wiederholung finde, weiß ich, daß ich mich in etwas Falschem verfangen habe.«

Thomas Wolfe dagegen zählt zu den lyrischsten Epikern englischer Zunge. Beachten Sie, wie er dem Text durch wiederholte Klangelemente Struktur verleiht und darüber hinaus einen raumgreifenden Rhythmus benutzt, der das ausladende Thema spiegelt:*

A destiny that leads the English to the Dutch is strange enough; but one that leads from Epsom into Pennsylvania,

---

* Da die Übersetzung ins Deutsche assonante, alliterative und andere sprachmelodische Elemente nur sehr unvollkommen wiedergeben kann, werden nachfolgend die ersten beiden Absätze von Thomas Wolfes *Schau heimwärts, Engel!* im Original mit den Hervorhebungen R. Bahrs zitiert und hier auf deutsch wiedergegeben: »Ein Schicksal, das Engländer und Pennsylvania-Deutsche zusammenbringt, ist schon sonderbar genug. Eines aber, das von Epsom in den Quäkerstaat, und von dort – am sanften Lächeln eines Engels aus Stein vorbei – in das Gebirg führt, das Altamont über dem stolzen, korallenroten Hahnenschrei umragt, dunkelt vom Wunder jenes Waltens, das die staubige Welt neu verzaubert.

Jeder von uns stellt alle Summen dar, die er nicht zusammengezählt hat. Versetze uns in Nacht und Nacktheit zurück, und du wirst erkennen, daß die Liebe, die gestern in Texas endete, vor viertausend Jahren auf Kreta begann.« (A. d. Ü.)

147

and thence into the hills that shut in Altamont over the proud *coral cry* of the *cock*, and the *soft stone smile* of an angel, is touched by that dark *miracle* of chance which *makes* new *magic* in a dusty world.

Each of *us* is *all* the *sums* he has not counted: subtract us into *nakedness* and *night* again, and you shall *see begin* in *Crete* four thousand years ago the love that *ended yesterday* in *Texas*.

Lautmalerei

Manche *Laute* sind *Wörter* geworden, weil der Klang ihre Bedeutung widerspiegelt: Klingel, Trommel, klappern, schlürfen, Krähe, Kuckuck, Uhu.

William Styron ist ein Meister der Lautmalerei. Hier einige Beispiele aus seinem Roman *The Long March:* »murmurous noise of bees« (das murmelnde Lärmen der Bienen), »sour gloom« (sauere Düsternis), »breeziest good will« (der luftigste gute Wille), »thunderheads bloomed« (Gewitterwolken erblühten).

Rhythmische oder lautmalerische Elemente lassen sich, wenn überhaupt, nur schwer von einer in eine andere Sprache übersetzen; ebenso, meint Wolfgang Kayser in *Das sprachliche Kunstwerk,* »dürften folgende Verse aus einem Gedicht der Annette von Droste-Hülshoff der Übersetzung in eine romanische Sprache unüberwindliche Hindernisse bereiten:

> Der schwankende Wacholder flüstert,
> Die Binse rauscht, die Heide knistert
> Und stäubt Phalänen um die Meute.
> Sie jappen, klaffen nach der Beute...

Die Meute, mit geschwollnen Kehlen
Ihm nach, wie rasselnd Winterlaub.
Man höret ihre Kiefern knacken,
Wenn fletschend in die Luft sie hacken ...*

Wenn Katherine Mansfield uns in ihrer Geschichte »An der Bucht« erzählt: »Ah-ah! klang es von der schläfrigen See her«, dann hören wir durch den Nebeldunst die Wellen sanft über den Sandstrand rollen.

Natürlich sind dem Einsatz poetischer Elemente in der Prosa Grenzen gesetzt. So habe ich zum Beispiel nicht von Alliteration gesprochen. Den gehäuften Stabreim in Sätzen wie »Inge irritiert Ilse immer im Internet« akzeptiert ein Prosaleser einfach nicht. Doch gilt die Ablehnung hier weniger dem poetischen Stilmittel – ein *Poet* würde derlei ohnehin nicht schreiben –, als vielmehr dem schlecht formulierten Satz.

Es ist wohl so, daß manchen Menschen das »musikalische Gehör« fehlt. Sie haben einfach kein Gefühl für das Melodische in der Sprache. Doch die meisten von denen, die sich zur Schriftstellerei und ganz allgemein zur Literatur hingezogen fühlen, wissen die Schönheit der Sprache zu schätzen, und viel von dieser Schönheit liegt nun einmal in ihrer Melodie. Die meisten Profis nehmen diese Facette des Schreibens sehr ernst.

---

* Deutsches Beispiel hinzugefügt; A.d.Red.

9
Was nur der Autor vermag

Allein in den Vereinigten Staaten kommen jährlich mindestens 50 000 neue Bücher auf den Markt. Mehr als 800 000 Titel verzeichnet der Katalog lieferbarer Bücher. Rechnen wir dazu noch Hunderttausende von Büchern, die in anderen Ländern erscheinen, und dazu wiederum alles Gedruckte seit der Erfindung des Buchdrucks und schließlich sämtliche nie veröffentlichten Manuskripte, so müssen wir uns doch eins verdeutlichen: Es gibt trotz all dem immer noch einzigartige Werke, die darauf warten, geschrieben zu werden. Allerdings werden sie nur entstehen, wenn *Sie* sie schreiben. Es sind eben die Bücher – und die Zeitungsartikel, Reportagen, Kurzgeschichten und Essays –, die nur Sie schreiben können.

Ich habe das schon mit sechzehn Jahren erkannt, als Großmutter Bahr mir von einem hellsichtigen Erlebnis erzählte, das sie während des Ersten Weltkriegs gehabt hatte. Ich habe die Geschichte aufgeschrieben und sofort an die Zeitschrift *Fate* verkauft. (Bis heute vermag ich nicht zu sagen, ob es sich dabei um einen Tatsachenbericht oder um eine erfundene Geschichte gehandelt hat.) Ich habe mich an die Schreibmaschine gesetzt und das fertige Manuskript an die Redaktion geschickt, weil ich wußte, daß die Leser von *Fate* sich für solche Themen interessierten. Und außer mir hatte kein anderer Autor der Welt Zugang zum Erlebnis meiner Großmutter.

Ein paar Jahre später habe ich von einer Dreizehnjährigen namens Ginny Luck gehört. Sie war damals die jüngste Amerikanerin mit einem Pilotenschein. Meinen Artikel über sie hat die Jugendzeitschrift *Teen Power* als Titelgeschichte gebracht. Ich wußte, daß die jungen Leser dieser Zeitschrift gern etwas über Ginny erfahren würden und daß wohl niemand sonst über sie schreiben würde.

Diese beiden Geschichten haben mir bewußt gemacht, daß jeder von uns etwas weiß oder erlebt hat, das nur ihm ganz allein gehört, aber für andere von Interesse ist. Das kann schon die Basis für eine Schriftstellerkarriere sein. Doch erst mit 25 Jahren – als ich schon eine Biographie, ein halbes Dutzend Kurzgeschichten und Dutzende von Artikeln verkauft hatte – habe ich eine zweite Entdeckung gemacht. Mir wurde klar, daß ich für Zeitungsartikel nicht ständig *neue* Ideen auftun und für erfundene Erzählungen nicht ständig *neue* dramatische Fabeln erfinden mußte. Nach meiner Erkenntnis braucht das, was für die Leser neu und interessant ist, lediglich eine *neue Perspektive* zu sein, eine andere Sichtweise, die ich – und nur ich – eröffnen kann.

Das gilt für jeden, das können auch Sie. Niemand auf der Welt ist genau wie Sie, spricht mit Ihrer Stimme, hat Ihre Erfahrungen gemacht. Mit der dynamischen Spannung zwischenmenschlicher Beziehungen verhält es sich folgendermaßen: Auf der einen Ebene sind wir alle gleich; auf einer anderen sind wir alle verschieden. Wir hungern nach Macht, fürchten den Untergang, bewundern Schönheit und Vernunft, sind Marionetten unserer Leidenschaften. Jeder von uns ist zugleich einsichtig und blind, rücksichtsvoll und selbstsüchtig, tapfer und feige, tolerant und überheblich – eine unermeßliche Summe positiver und negativer Eigenschaften.

Wenn wir also die Wahrheit über uns selbst schreiben, schreiben wir über die gesamte Menschheit. Verschieden ist nur der jeweilige Anteil dieser Eigenschaften und wie ausgeprägt sie sind. Die Mischung ist immer einmalig.

Diese Eigenart oder Originalität ist für jeden Autor wesentlich. Guy de Maupassant zitiert, was Gustave Flaubert ihm einmal geraten hat:

> Wenn Sie Originalität besitzen, müssen Sie sie einsetzen.
> Wenn Sie keine haben, müssen Sie sich eine zulegen.

Wenn Originalität zu literarisch guten Texten führen soll, darf sie aber nicht aufgesetzt und vorgetäuscht sein. Sie ist kein Werbegag, keine originelle Eintagsfliege wie Abbie Hoffmans *Steal This Book* oder Andy Warhols *a*. Originalität ist nichts Aufgesetztes, sondern kommt von innen, geht von dem aus, was im Menschen wirklich und wahrhaftig ist. Wer sie finden will, muß *Ehrlichkeit*, *Bescheidenheit*, *Konzentration*, *Selbstvertrauen* und *Mut* in sich entwickeln und fortbilden.

Ehrlichkeit

Die wenigsten von uns kennen sich selbst sonderlich gut. Und das ist uns auch ganz lieb, weil die Wahrheit manchmal schmerzlich ist und uns erschüttern könnte. Ich will das mit einer Anekdote illustrieren. Vor ein paar Jahren hatte ich das folgende Gespräch mit einem Freund und Kollegen:

Ich: Glaubst du an Gott?

John: Ja, ich gehe mit meiner Frau und den Kindern jeden Sonntag in die Kirche.

Ich: Glaubst du an Gott?

John: (lacht glucksend) Ich unterrichte schließlich in der Sonntagsschule.

Ich: Aber glaubst du an Gott?

John: *Natürlich* ... Na ja, ich habe eigentlich noch nie darüber nachgedacht.

Die meisten Menschen gehen, mehr oder weniger unbewußt, mit der Wahrheit »kreativ« um: Nützt sie ihnen, dann bleiben sie dabei; schadet sie, sehen sie darüber hinweg oder leugnen sie. Mag sein, daß ich das allzu skeptisch sehe. Eins aber steht fest: Ein redlicher Autor kann sich diese Bequemlichkeit nicht leisten. Originalität erfordert Ehrlichkeit, und Ehrlichkeit erfordert selbständiges Denken.

Die meisten Menschen aber tun das nicht, sondern akzeptieren unkritisch die Meinung der Kreise, denen sie angehören; vielleicht, weil sie keine eigene Meinung *haben* oder mit der Meinung der Mehrheit nicht in Konflikt geraten wollen.

Über die Weltanschauung mehr oder weniger gleichgesinnter Kollegen hinaus gibt es noch den Zeitgeist und –

für ernsthafte Schriftsteller – so etwas wie einen *literarischen Zeitgeist*. Wenn eine Autorengruppe eine bestimmte Perspektive oder einen bestimmten Stil oder beides gemeinsam hat und pflegt, wird das unter diesen Autoren verbreitete Bewußtsein zur Tendenz. Viele Autoren sind versucht, sich dieser Tendenz anzupassen, manchmal auf Kosten der Ehrlichkeit sich selbst gegenüber. Freilich eröffnen sich für den Angepaßten auch größere Chancen, daß sein Werk publiziert wird; lehnen Redakteure und Verleger doch nicht selten radikal originelle oder »altmodische« Stile, Themen und schöpferische Absichten ab, weil sie – ob zu Recht, sei dahingestellt – der Meinung sind, daß es keine potentiellen Leser für solche Werke gibt.

Andererseits übermitteln talentierte Schriftsteller ihren Lesern häufig unbewußt subtilste Gefühle und Regungen, was zur Folge hat, daß Kritiker manchmal durchaus mit gutem Grund in Frage stellen, was Autoren über die eigenen Absichten zu Protokoll geben. Anpassung, die aus unredlichen Motiven erfolgt, kann unter Umständen ein ganzes Werk in den Geruch von Unwahrhaftigkeit bringen.

Konformität mit dem literarischen Zeitgeist bremst auch die Weiterentwicklung der Kunst. Daniel Defoe, Henry Fielding, Kate Chopin, Stephen Crane und James Joyce haben neue Wege beschritten und die Literatur vorangebracht. Das darf man auch von den Autoren unserer Zeit erhoffen. Diese Erwartung aber können sie nur erfüllen, wenn sie ehrlich sind, und zwar nicht gegenüber der Meinung bestimmter Kreise oder der Masse und nicht einmal einem literarischen Zeitgeist oder einer Modeströmung gegenüber, sondern ehrlich nur mit sich selbst.

Bescheidenheit

Ehrlichkeit beginnt mit Bescheidenheit. Jeder Künstler, besonders wenn er sich schon in jungen Jahren berufen fühlt, glaubt, begnadet oder zu einer literarischen Mission auserwählt zu sein. Das ist Narzißmus – der etwa behauptet: »Ich habe ein *Recht* auf die Aufmerksamkeit von Hunderttausenden, ja, von Millionen von Lesern.« – und auch ein Segen, denn die Prophezeiung kann Wirklichkeit werden: Wenn jemand zum Schriftsteller geboren ist, dann macht er sich besser ohne Verzug an die Arbeit.

Das kann aber auch zum Fluch werden, wenn man sich nicht im Zaum hält. Die Berufung ist heilig, der Berufene nicht. Der seinem Anliegen verpflichtete Schriftsteller sollte sich nicht für etwas Besseres halten als ein talentierter Zimmermann. Es ist nicht sein Verdienst, daß ihm aufgetragen ist, eine Kathedrale zu bauen und keine Hütte. Schließlich ist seine Kathedrale nicht wichtiger als die bescheidenste Hütte, denn wenn die Menschen kein Dach über dem Kopf hätten, bliebe letztendlich auch die Kathedrale leer.

Nur wenn ein Schriftsteller bescheiden genug ist, die eigenen Fehlschläge zu erkennen, kann er sich weiterentwickeln. Tatsächlich sind die meisten großen Schriftsteller ihre eigenen schärfsten Kritiker. Dickens zum Beispiel hat, selbst wenn es um das Konzept von Fabel oder Handlung ging, den Rat von Freunden und auch von ihm unbekannten Lesern angenommen.

Andere Autoren haben Teile ihres Lebenswerks, die sie für schwach hielten, lieber vernichtet, als sie des Profits wegen veröffentlichen zu lassen. Katherine Anne Porter hat einmal gefragt: »Warum wohl sollte ich all den Müll, der in meinem Arbeitszimmer herumliegt, in Druck geben? Nicht einen Bruchteil von dem, was ich geschrieben habe, habe ich veröffentlicht. Ich besitze einen Riesenstapel von Manuskripten, an deren Veröffentlichung ich nicht im Traum denke: vierzig Short stories und fünf Romane, die ich angefangen habe, als ich jung war und noch nicht wußte, daß ich eine Kurzgeschichtenerzählerin bin.«

Anfänger dagegen werfen nie etwas weg. Jedes Wort ist ihnen ein Edelstein, jede Arbeit ein unsterbliches Meisterwerk. Ihr kritischer Blick ist noch nicht so geschärft, daß sie zwischen dem, was sie *sagen,* und dem, was sie eigentlich *meinen,* unterscheiden und somit wissen könnten, was jene nackten Wörter auf dem Papier einem Leser tatsächlich vermitteln. Bei einem Anfänger ist das gewiß verständlich, doch es kann auch mit Hochmut zu tun haben, und das macht den Autor blind für die objektive Wertung, die Voraussetzung für eine mögliche Verbesserung seines Werkes ist. Im schlimmsten Fall führt es zu Dünkel und literarischem Exhibitionismus.

Mein Lieblingsbeispiel für literarischen Hochmut ist ein Prosagedicht mit dem Titel »The Harvest« (Die Ernte) und ist in einer kleinen Wochenzeitung in den Pocono Mountains von Pennsylvania erschienen. Der Hinweis, alle Rechte lägen beim Autor und jegliche Vervielfältigung bedürfe der schriftlichen Genehmigung, hat mich davon abgehalten, das Gedicht hier abzudrucken. Also nur soviel: Der Autor bringt es unter anderem fertig, ein Flugzeug mit einem Wal, einem olivfarbenen Tier, einer Schlange, einem Dämon, dem Trojanischen Pferd, einem Riesen und noch einmal mit einem Pferd zu vergleichen.

Dabei ist das Konzept des Gedichts durchaus gut. Das Flugzeug setzt junge Soldaten auf einem fruchtbaren Schlachtfeld ab wie ein Farmer, der Saatgut ausbringt, und kommt nach einiger Zeit zurück, die Leichen zu ernten. Doch der ganze exhibitionistische Wirrwarr, die zur Schau gestellte Kunstfertigkeit, das Wortgeklingel, das beeindrucken, aber nicht kommunizieren soll, all das macht das Werk nahezu unverständlich.

Da begegnen wir einem Problem, das alle Anfänger haben: Ist das, was sie schreiben, nun aufgedonnert oder ist es richtig gut? Das hat auch William Wordsworth gestört, besonders, wenn es ihm in der Lyrik über den Weg gelaufen ist. Zwischen Prosa und Poesie, sagte er,

> gibt es keinen *grundlegenden* Unterschied und kann es auch keinen geben. ... Beide sprechen mit und zu den gleichen Organen. Sie sind aus demselben Stoff, haben ähnliche, nahezu identische Vorlieben und sind im Grunde nicht einmal graduell verschieden. Die Poesie vergießt keine Tränen ›wie Engel sie weinen‹, sondern natürliche und menschliche Tränen. Sie kann sich keines himmlischen Götterbluts rühmen, durch das ihre Körpersäfte sich von denen der Prosa unterschieden. In ihren Adern fließt dasselbe menschliche Blut.

Eine anspruchsvollere Version der Geziertheit hat mit Symbolik zu tun. Ungeachtet der häufig und glaubhaft wiederholten Versicherung angesehener Autoren, sie suchten *nicht* bewußt nach Symbolen, weisen Literaturwissenschaftler immer wieder hartnäckig auf vermeintliche Symbolik hin, so daß Anfänger sich veranlaßt sehen, künstliche, intellektuell ersonnene Symbole gewaltsam ins eigene Werk zu pressen. Diese sind eine andere Variante der Unaufrichtigkeit.

Als man Ernest Hemingway einmal gefragt hat, ob er in seinen Romanen Symbolik zu verwenden pflege, hat er erwidert:

Ich vermute, daß da Symbole sind, weil Kritiker welche finden. Wenn es Ihnen nichts ausmacht, würde ich aber lieber nicht darüber sprechen. Es ist schon schwierig genug, Bücher und Erzählungen zu schreiben; da will man sie nicht auch noch erklären müssen. Zudem nimmt es den Berufserklärern die Arbeit weg. Wenn es fünf oder sechs weitere gute Erklärer in Lohn und Brot hält – warum sollte ich mich da einmischen? Lesen Sie einfach alles, was ich schreibe, um des reinen Vergnügens willen. An dem, was Sie darüber hinaus finden, läßt sich messen, was Sie selbst eingebracht haben.

Hemingway hat auch gesagt:

Ich weiß, worüber ich schreibe, aber ich rühre nie bewußt Symbolik hinein. Manchmal finde ich heraus, was ich eigentlich habe sagen wollen, wenn ich Bücher über meine Bücher lese. Vermutlich trage ich wirklich einige dieser Ideen in mir. Ich habe fraglos verrückte Ideen.

Katherine Anne Porter behauptet:

Symbolik erscheint von selbst und kommt von einem Ort so tief im eigenen Bewußtsein und in der eigenen Erfahrung, daß die meisten Schriftsteller, wie ich meine, Symbole überhaupt nicht bewußt verwenden. Ich jedenfalls erkenne sie erst, wenn ich sie sehe.

Und Flannery O'Connor meint:

Bevor ich anfing, darüber zu lesen, habe ich überhaupt nicht gewußt, was ein Symbol ist. Es schien mir, als müsse ich etwas darüber wissen, wenn ich eine respektable Autorin werden wollte.

Ein Autor, der Symbole erfindet, läuft Gefahr, statt guter Erzählungen oder Romane lediglich Gleichnisse und Allegorien zu schreiben. Da empfiehlt es sich, einfach draufloszuschreiben und Symbole standhaft zu vermeiden. Am Ende wird das zu drei möglicherweise positiven Ergebnissen führen:

– Der Autor schreibt hervorragende Werke, in denen niemand Symbole findet.
– Der Autor schreibt hervorragende Werke, die er von Symbolen frei gehalten hat; dennoch finden Professoren und Kritiker darin welche.
– Der Autor schreibt hervorragende Werke, die er unabsichtlich mit Symbolen befrachtet hat. Die kann er dann bei der Bearbeitung behutsam entwickeln.

Konzentration

So wie ein Autor ehrlich sein muß, wenn er originell schreiben will, so muß er sich auch auf ein Ziel konzentrieren. Wenn er schreibt, existiert der Autor in einer Welt, die sich von seiner Alltagswelt radikal unterscheidet. Ob er nun an einem Zeitungsartikel oder an einem Roman schreibt, solange er daran arbeitet, ist er, im Wortsinn, »nicht ganz da«. Wer sich noch nie als Schriftsteller versucht hat, wird solch eine Erfahrung vielleicht nicht nachvollziehen können, doch die Phantasiewelt kann realer als die wirkliche Welt sein. Erfundene oder (im Journalismus und im Sachbuchbereich) wiederbelebte Figuren können so lebendig werden, daß das, was sich in deren Leben abspielt, dem Autor Freude und Schmerz bereiten kann. Die Konzentration läßt jede Figur *wirklich* werden. Der konzentrierte Autor sieht über die stereotypen Qualitäten hinaus auf die eigentlichen Motive, genetischen Veranlagungen und anatomischen Merkmale, die in ihrer Summe jeden Charakter einzigartig machen.

Der Autor konzentriert sich auch auf die eigenen Empfindungen und Sinneswahrnehmungen. Wie er sich dadurch die Wirklichkeit erschließt, ist immer einzigartig – das ist es, was seine Arbeit wahr und ursprünglich macht. Willa Cather hat eine Analogie aus der bildenden Kunst herangezogen: »Was könnte verschiedener sein als die Art und Weise, wie Leonardo und Velasquez mit dem Tageslicht umgehen? Das Licht in Italien und Spanien ist im Grunde so gut wie gleich – es ist südliches Licht. Doch jeder von ihnen hat es so gemalt, wie er es empfunden hat. Er hat seinen Eindruck wiedergegeben.«

Nur Sie können die Dinge so sehen oder hören, schmecken, riechen, fühlen, wie Sie sie sehen, hören, schmecken, riechen und fühlen. Das Lesen bereitet uns auch deshalb soviel Freude, weil es uns Gelegenheit gibt, etwas auf neue und andere Weise zu erleben, mit den Augen des Berufenen, des Autors, zu sehen. Zum Beispiel sieht ein Künstler, der sich auf seine Sinne konzentriert, womöglich eine Verbindung zwischen einem pockennarbigen Gesicht, der Schale einer Orange und der Mondoberfläche. Er erkennt vielleicht, was Samt, Moos und Pfirsich gemeinsam haben. Modernes Laub riecht für ihn vielleicht so, wie Pilze schmecken, und Sterne am Mitternachtshimmel erinnern ihn womöglich an Eiswürfel, die jemand in einem Kristallpokal umrührt.

Selbstvertrauen

Ich habe schon auf das Paradoxe in der Persönlichkeit des wirklichen Schriftstellers hingewiesen: Er muß Bescheidenheit üben, wenn er als Künstler wachsen will, aber er braucht auch ein gesundes Maß an Selbstvertrauen, denn wenn er gut ist, wagt er es, sich vor seinen Lesern emotional bloßzustellen. Der Maler bringt seine Interpretation dessen, was er *sieht*, auf die Leinwand. Der Komponist schreibt aufs Notenblatt, was er innerlich *hört*. Doch der Schriftsteller, darin dem Schauspieler gleich, zeigt, wer und was er *ist*. Er tritt vor ein Publikum hin und zeigt seine Gefühle. Ganz gleich, welche Namen er seinen Figuren gibt, ganz gleich, in welches Kostüm er als Erzähler schlüpft: zur Schau gestellt werden stets das Böse in ihm und seine Perversionen, seine Häßlichkeit und seine Trostlosigkeit ebenso wie seine Güte, sein Heldenmut und seine Freude. »Man kann keinem Künstler einen Vorwurf daraus machen, daß er einem Wagnis ausweicht, auf das sich einzulassen nur Narren versessen sind und das nur das Genie ungestraft eingehen darf«, sagt Joseph Conrad. Er beschreibt die Schriftstellerei als eine »Arbeit, die zur Hauptsache darin besteht, die Seele mehr oder minder vor der Welt zu entblößen...«

Meistens sind erfahrene und erfolgreiche Schriftsteller freundliche, lebhafte und unterhaltsame Menschen, doch das kann nicht darüber hinwegtäuschen, daß sie auch ein ausgeprägtes Ego besitzen. Sie haben die Antworten auf Fragen, die noch niemand gestellt hat – jedenfalls meinen sie, daß sie sie haben – und warten nicht still und bescheiden, bis jemand sie danach fragt. Im allgemeinen kommen sie gut mit

Menschen aus, die ihnen mit Respekt begegnen; wenn man sie dagegen herausfordert, sind sie bösartige Konkurrenten. Und weil sie so auf Wettbewerb eingestellt sind, können sie andere Schriftsteller für gewöhnlich nicht ausstehen; – man erinnere sich, was sich William F. Buckley und Gore Vidal, Truman Capote und Norman Mailer und Daniel Defoe und sonstwer gegenseitig an Unfreundlichkeiten an den Kopf geworfen haben; man denke auch an die Heuchelei, den Klatsch und die üble Nachrede unter so gut wie allen französischen Schriftstellern zu Flauberts Zeit. Wie dem auch sei; Selbstbewußtsein ist unabdingbar für jede künstlerische Leistung, auch die literarische.

Mut

Alle Künstler gehen das Wagnis ein, vom Publikum und von der Kritik entweder anerkannt oder ignoriert zu werden. Schriftsteller und Schauspieler aber riskieren ein übriges. Sie enthüllen die Wahrheit nicht nur vor einem Publikum, sondern auch vor dem eigenen tiefsten Inneren. Ihr Mut zeigt sich darin, der Wahrheit, die in ihnen ist, ins Auge zu sehen. Solchen Mut besitzen relativ wenige Menschen, und das mag erklären, warum es auch relativ wenige überragende Schriftsteller und Schauspieler gibt.

Mut nützt dem Autor auch noch auf andere Weise: Wenn er gut ist, so ist er davon überzeugt, es mit den größten Schriftstellern aufnehmen zu können. In diesem Sinne hat James Michener gesagt: »Ich denke an Tolstoi, Flaubert und Dickens und bin neidisch auf das, was sie geleistet haben. ... Ich bin und bleibe eifersüchtig, und das zeigt mir, was ich vielleicht erreichen kann. Ich glaube nicht, daß ich es ohne diese Eifersucht auf die Größe anderer so weit gebracht hätte.«

Vor etwa zwanzig Jahren hat mich ein Kollege (der es bis heute nicht sehr weit gebracht hat, wie ich mit einiger Schadenfreude anmerke) gefragt, warum ich eigentlich deprimiert und mit meinem Fortkommen als Autor unzufrieden sei; schließlich bekäme ich doch Tantiemen für mehrere Bücher und hätte Artikel in einer Reihe bedeutender amerikanischer Zeitschriften veröffentlicht. Ich habe ihm geantwortet, meine Konkurrenten seien Mark Twain und Herman Melville, das Wettrennen habe längst begonnen, und ich sei erst auf dem Weg zur Rennbahn.

»Wie kannst du dich mit den beiden überhaupt vergleichen?« hat der Mann sichtlich erregt gefragt. »Das sind doch Götter!«

»Vermutlich, weil ich an mich glaube«, habe ich erwidert.

Doch das wäre nur die halbe Antwort. Der Schriftsteller schreibt, *weil er etwas mitzuteilen hat,* und er vertraut darauf, daß seine Mühen am Ende Früchte tragen. Der Schriftsteller muß daran glauben, daß seine Arbeiten veröffentlicht werden. Und wenn er gut ist, sind seine Chancen tatsächlich größer, als die meisten Menschen meinen. Jedes Jahr nehmen die großen Verlagshäuser ein paar neue Autoren unter Vertrag; und sei es auch nur, um mögliche Nachfolger für »namhafte« Autoren heranzuziehen, die verstorben oder zu einem anderen Verlag gewechselt sind. Daneben werden Qualitätsbücher nach wie vor bei kleinen Verlagen publiziert, die (zumindest in den Vereinigten Staaten) dieser Tage für die einzig wirkliche Aufregung auf dem Buchmarkt sorgen.

Diese Unternehmer arbeiten gern mit neuen Autoren, weil sie ihnen keine oder zumindest keine exorbitanten Vorschüsse zahlen müssen. Dafür aber kümmern sie sich um jedes Buch, auch um die Werbung (was die großen Verlage für neue Autoren selten tun) und handeln ganz allgemein aus der Erkenntnis, daß auch ihr Erfolg vom Erfolg eines jeden Titels abhängt, den sie verlegen.

Auch Universitätsverlage sind in den Vereinigten Staaten daran interessiert, gute Bücher zu publizieren, und zwar unabhängig davon, ob sie damit ein großes Publikum erreichen.

Nehmen wir einmal an, das Buch eines neuen Autors wird gedruckt. Nun braucht der Autor erst recht Mut und Selbstvertrauen, denn nun steht ihm die erste Begegnung mit den Kritikern bevor.

Ein guter Kritiker nimmt seine Verantwortung so ernst wie ein guter Schriftsteller, aber gute Kritiker gibt es ebenso selten wie gute Autoren. In den meisten Fällen sind sie gar keine Kritiker, sondern Rezensenten, die eigentlich lieber Autoren wären, wenn sie nur das nötige Talent hätten. Häufig benutzen sie das Forum, das ihnen die Rezension bietet, zur Selbstdarstellung und dazu, mit ihrem verblüffenden Witz hausieren zu gehen. Da das Publikum Häme bereitwilliger zu applaudieren pflegt als Lob, neigt ein Rezensent, dem es vor allem um Beifall zu tun ist, natürlich eher zum cleveren Verriß.

Wie sonst wäre die folgende Rezension von Dickens' *Bleakhouse* zu verstehen? »Mehr noch als all seinen anderen Werken, kann man dem Roman nicht nur Fehler und Versäumnisse vorhalten, sondern auch die Tatsache, daß so etwas wie ein Aufbau beim besten Willen nicht zu erkennen ist. …

Das Ganze ist mager und melodramatisch.« (Man beachte die geistreiche Alliteration!) Ein anderer Rezensent hat einmal geschrieben: »Letzten Winter habe ich mich durch diese Geschichte von den zwei Städten gequält (*A Tale of Two Cities*). Es war ermüdend vom Start bis ins Ziel. Alles erschien so unaufrichtig, war so offensichtlich unecht, war nichts als Schauspielerei.« Von Emily Brontës *Wuthering Heights* hieß es, der Roman wiederhole tausendfach die Fehler von *Jane Eyre*, »und der einzige Trost, der uns bei näherer Betrachtung bleibt, ist die Tatsache, daß nur wenige Unglückliche ihn je lesen werden.«

T. S. Elliots Drama *Die Cocktailparty* wurde einst als »nichts weiter als ein gut gespieltes Stückchen Mumpitz« abgetan, und Thomas Carlyle hat Ralph Waldo Emerson einen »ergrauten, zahnlosen Pavian« geschimpft.

Kein Zweifel, der wahre Schriftsteller kann Kritiken im Grunde nur ignorieren oder aber mit Humor nehmen. Flannery O'Connor hat in einem Interview gesagt: »Eine alte Dame hat mir einmal geschrieben, mein letztes Buch habe bei ihr einen üblen Nachgeschmack hinterlassen. Ich habe zurückgeschrieben und gesagt, sie hätte es ja schließlich auch nicht essen sollen.« Ein und dasselbe Buch kann von dem einen Rezensenten gelobt und vom nächsten verrissen werden, und nur ganz selten findet sich ein Werk, dem einhellig nur Beifall oder nur Pfiffe gelten. Unglücklicherweise sind Leser häufig der unzutreffenden Ansicht, die Rezensenten nähmen ihre Aufgabe ernst.

Der Schriftsteller hat schon Sorgen genug, als daß er sich noch von Kritiken ablenken lassen kann. Gewiß, wenn alle Rezensenten ein Werk mit derselben Begründung ablehnen, sollte man als Autor darüber nachdenken. Aber wie Tolstoi einem Biographen einmal gesagt hat, am Ende läuft es immer darauf hinaus, »daß ein Kunstwerk entweder so gut ist, daß es für die Bewertung seiner Qualitäten keinen Maßstab gibt – und das ist wahre Kunst –, oder aber es ist ziemlich schlecht.« Und er fügte hinzu:

Ich glaube, daß jeder große Künstler notwendigerweise auch seine eigene Form schafft. Wenn der Inhalt von Kunstwerken unendlich verschieden sein kann, dann trifft das auch auf ihre Form zu. Auf dem Heimweg von einem Theaterbesuch in Paris habe ich einmal mit Turgenjew darüber gesprochen. Er hat mir uneingeschränkt zugestimmt. Wir haben uns an Höchstleistungen der russischen Literatur erinnert, und es wollte uns scheinen, als hätte jedes dieser Werke seine ganz eigene Form.

Gut schreiben ist in vielerlei Hinsicht ein schwieriges Geschäft. Wer mit Schriftstellerei seinen Lebensunterhalt verdienen will, braucht neben Talent fraglos auch Glück. Warum also sollte man sich die Mühe machen? Jeder, der das Können, die Phantasie und die Energie besitzt, die ein professioneller Autor braucht, der kann auch in der freien Wirtschaft in kürzerer Zeit und mit erheblich weniger Aufwand das Sechsfache verdienen; ganz zu schweigen von bezahltem Urlaub, Lohnfortzahlung und Arbeitgeberanteil zu Krankenversicherung und Altersvorsorge.

Doch wer zum Schriftsteller geboren ist, wird solche Überlegungen gar nicht erst anstellen. Vielleicht hat er schon die Stunden wie in Trance verbracht, in denen er es sich in einem anderen Leben eingerichtet hat; Stunden, in denen er die Figuren, die ihm ihr Leben verdanken, mit ihrer eigenen

Stimme sprechen hört; Stunden, in denen sie sich feindlich begegnen oder aufeinander einwirken. Vielleicht hat er schon einmal zu ihnen gesagt: »Nun macht mal langsam, ich kann nicht so schnell schreiben!« Vielleicht hat er bereits das tiefe Erstaunen und das Gefühl von Demut kennengelernt, das all jene überkommt, die über sich hinauswachsen und Dinge schreiben, die sie sich selbst nie zugetraut hatten; wobei sie Gefühlstiefe und Einsichten erkennen lassen, die von wer weiß woher kommen.

Wenn er gespürt hat, welche Freude es macht, sein Innerstes einem anderen Menschen offenbaren zu können, dann ist er verloren. Und ganz gleich, ob er das Schreiben nun als Beruf oder als Hobby betreibt, er wird weitermachen, weil er einen Vorgeschmack davon bekommen hat, wie sich die eigene Sterblichkeit überwinden läßt.

10
Premierenabend

Doch das ist noch nicht alles. Bevor er anfing, an *The Prize* zu arbeiten, hat Irving Wallace sich gefragt, warum er das Schreiben nicht lassen kann: »Stelle ich mich der Herausforderung wirklich nur des Geldes wegen, wie so viele Kritiker im Hinblick auf meinen letzten Roman behauptet haben? Geschieht es, wie so viele Professoren gesagt haben, weil ich nach einer Möglichkeit suche, mich mitzuteilen? Ist es gar, wie einmal jemand geschrieben hat, der Versuch, ein wenig Unsterblichkeit zu erhaschen? Oder tue ich es, um einem Drang nach ›Exhibitionismus‹, ›Voyeurismus‹ und ›Masochismus‹ nachzugeben, wie Dr. Edmund Bergler, der berühmte Psychoanalytiker, nach der Behandlung von sechsunddreißig Autoren-Patienten festgestellt hat?

Am selben Abend habe ich zu später Stunde auch noch einmal in Somerset Maughams *The Summing Up* gelesen. Dort heißt es unter anderem, der Autor tue gut daran, ›nur zu schreiben, um seine Seele von einem Thema zu befreien, über das er schon so lange nachgedacht hat, daß es ihn belastet. Und wenn er klug ist, achtet er darauf, daß er nur um des eigenen inneren Friedens willen schreibt... Denn die Nachteile und Gefahren der Berufung eines Autors werden von einem Vorteil aufgewogen, der so groß ist, daß daneben alle Schwierigkeiten, Enttäuschungen und vielleicht sogar Nöte verblassen und bedeutungslos werden.‹

Um des inneren Friedens willen: Ja. Um einer Reinigung, einer Katharsis willen: Ja.

Da habe ich mich an etwas erinnert, das ich einmal in einem anderen Buch gelesen hatte, und so habe ich mich in der nächtlichen Stille in dem großen Haus darangemacht, es zu suchen. Ich habe es in Arthur Koestlers Autobiographie *Der Pfeil ins Blaue* gefunden:

›Ich habe keine Ahnung, ob in fünfzig Jahren noch irgend jemand eins meiner Bücher wird lesen wollen, doch ich habe eine recht genaue Vorstellung davon, was mich als Autor antreibt. Es ist der Wunsch, hundert Leser von heute gegen zehn Leser in zehn und einen Leser in hundert Jahren ein-zutauschen. Dahin, so meine ich schon lange, sollte der Ehrgeiz eines Autors gehen.‹«

Bleibt festzuhalten: Wir schreiben, um unsterblich zu wer-den. Hemingway hat gesagt: »Aus dem, was vorgefallen ist, und aus dem, was existiert, und aus allem, was du weißt, und allem, was du nicht wissen kannst, machst du mit Hilfe deiner Erfindungsgabe etwas, das nicht nur eine Schilderung, sondern etwas völlig Neues ist, wahrhaftiger als alles Wirk-liche und Lebendige. Und du hauchst ihm Leben ein, und wenn du es gut genug machst, verleihst du ihm Unsterblich-keit. Deshalb schreibst du und aus keinem anderen dir be-kannten Grund.«

Doch ich glaube, wir schreiben auch noch aus anderen Gründen. Thomas Mann hat erklärt, er habe den *Zauberberg* als Gralssucher geschrieben. Dabei sei der Gral »das Wissen, die Einweihung, jenes Höchste, wonach nicht nur der tumbe Held, sondern das Buch selbst auf der Suche ist.« Der Gral sei ferner »die Idee des Menschen, die Konzeption einer zukünftigen, durch tiefstes Wissen um Krankheit und Tod hindurchgegangenen Humanität. Der Gral ist ein Geheimnis, aber auch die Humanität ist das. Denn der Mensch selbst ist ein Geheimnis, und alle Humanität beruht auf Ehrfurcht vor dem Geheimnis des Menschen.«

Bleibt festzuhalten: Wir schreiben, um Antworten auf die großen Fragen zu finden und um der Menschheit Hochachtung zu bezeigen. Doch wir schreiben auch noch aus anderen Gründen. Joyce Carol Oates zufolge »gibt es keine Kunst um der Kunst willen, und es hat sie auch nie gegeben. Es gibt nur Kunst als bewußteren, formgerechten Ausdruck allgemein menschlicher Bedürfnisse, wobei Individuen nur für sich selbst zu sprechen scheinen, in Wirklichkeit aber dem nicht Greifbaren, das um sie herum ist, Form und Stimme geben.«

Bleibt festzuhalten: Wir schreiben, um den Bedürfnissen der breiten Masse Ausdruck zu geben.

Und doch gibt es da noch mehr. Der erfundene Autor Larry Pressman sagt es in meiner Short story »The Gold Pen« folgendermaßen:

»Schreiben ist Schwerstarbeit, vielleicht sogar die schwerste der Welt. Ich meine damit das Schreiben, das Kunst hervorbringt. Der Schriftsteller-als-Künstler ist mit dem Ergebnis seiner Arbeit nie zufrieden. Oh gewiß, er lehnt sich vielleicht im Sessel zurück und lächelt und denkt, er habe etwas recht Ordentliches vollbracht, aber am nächsten Tag wird er es mit den Augen des Kritikers betrachten und sagen: ›Dieses Wort ist zu lau, hier geht es zu rasch voran und dort zu langsam. Ich hätte mich mehr anstrengen müssen!‹ So wird beim nächsten Mal die Kunst besser sein, und die Arbeit wird immer schwieriger werden. Es wird anstrengender und anstrengender, weil der Künstler mit der Zeit tiefere und subtilere Schichten in seiner Kunst entdeckt und jede dieser Schichten wiederum perfektioniert werden muß. Manchmal will ihm scheinen, als sei er unter diesen erstickenden Schichten aus Gedanken und Wörtern förmlich begraben, und ein Ausgang sei nirgendwo in Sicht. Doch er geht hin und versucht es immer wieder aufs neue; nicht etwa aus masochistischer Freude am Schmerz, sondern weil Sterbliche nirgends sonst so nahe an einen gottähnlichen Status herankommen.

In gewisser Hinsicht ist der Künstler sogar göttlicher als Gott, denn wenn er gut ist, hat das Leben, das er schafft, einen Sinn.«

Bleibt festzuhalten: Wir schreiben, um unsterblich zu werden; um uns und andere besser zu verstehen; um der Masse zu huldigen und ihr eine Stimme zu geben. Und wir schreiben, weil wir eine gottähnliche Macht ausüben wollen, indem wir Ordnung ins Chaos bringen und der Absurdität einen Sinn geben.

Doch das ist noch zu allgemein, ist damit doch nicht erklärt, warum ein wahrer Autor sich ein ganz bestimmtes Buch, einen ganz bestimmten Artikel, eine ganz bestimmte Geschichte zu schreiben vornimmt. Die Frage kann also nicht sein: Warum schreiben Menschen? Die Frage muß lauten: Warum hat dieser Autor, warum hat diese Autorin sich gerade *dieses* Themas angenommen? Warum wurde über dieses besondere Ereignis berichtet, warum wurde jene Geschichte erzählt?

Was war die schöpferische Absicht?

Die Tatsache, daß diese Frage sich nach der Lektüre manch zeitgenössischer Arbeit nicht beantworten läßt, ist an sich schon entlarvend und erklärt zum Teil die Leere in der modernen Literatur. Anthony Burgess sagt dazu:

Der Haken ist, daß Romanschriftsteller heutzutage nicht genügend Interesse haben und nicht stark genug glauben. Meisterwerke entspringen einer inneren Überzeugung.
Evelyn Waughs ›überschwengliche Männer‹ glaubten alle unerschütterlich an etwas – an die europäische Zivilisation, das Christentum, den Fortschritt oder auch nur (wie bei D. H. Lawrence) an die erlösende Kraft des Sexus. Dabei ist es nebensächlich, ob ihr Glaube sich mit der Zeit als richtig erweist; was zählt, ist allein die Überzeugung und damit verbunden die Energie, die ihr entspringt. Die meisten Romanciers unserer Tage werden nicht mehr von den starken Gefühlen gedrängt, deren es bedarf, ein großes Werk mit individueller Vision zu beginnen, das uns, die Leser, nicht nur beeindruckt, indem es das Komische und das Tragische zu einem neuen Menschenbild verschmilzt, sondern das darüber hinaus unsere Auffassung vom Leben radikal verändert – wie *Don Quijote*, *Krieg und Frieden* und *Ulysses* sie verändert haben.

Saul Bellow hat 1976 in seiner Dankesrede nach der Entgegennahme des Literaturnobelpreises gesagt, es sei die grundlegende Verantwortung des Künstlers, einer intelligenten Öffentlichkeit das zu geben, »was Theologie, Philosophie oder Soziologie ihr nicht geben und was sie von der reinen

Wissenschaft nicht bekommt – nämlich ein breiteres, flexibleres, vollständigeres, verständlicheres und umfassenderes Bild dessen, was wir Menschen sind, wer wir sind und was es mit diesem Leben auf sich hat.«

Ich glaube, daß die besten Schriftsteller sich auf eine im weitesten Sinn »geistliche« Berufung eingelassen haben, die nicht unbedingt etwas mit Theologie zu tun hat. Sie glauben, daß die Lebenswirklichkeit auf ganz bestimmte Weise interpretiert und gelebt werden sollte und daß es die Zeit und Mühe wert ist, jene Vision zu dramatisieren. Das hatte D. H. Lawrence im Sinn, als er schrieb:

… weil ein Roman eine Welt im kleinen ist und weil der Mensch das Universum im Licht einer Theorie betrachten muß – deshalb braucht auch jeder Roman den Hintergrund oder das tragende Skelett einer Theorie des Seins, etwas Metaphysik. Doch die muß immer dem künstlerischen Zweck dienen, nicht dem vordergründigen Ziel, das der Künstler bewußt anstrebt. Sonst wird aus dem Roman eine wissenschaftliche Abhandlung.

John Updike beschreibt es folgendermaßen:

Eine Glaubensgemeinschaft ist ein wenig wie ein Roman; sagen doch beide, daß es etwas Bedeutendes ist, Mensch zu sein… Das Schreiben ist schließlich eine unirdische Arbeit, getan für eine Belohnung, die materieller Natur sein kann oder auch nicht. Das hat in gewisser Weise mit dem Glauben daran zu tun, daß sich alles zum Guten wenden wird und unser Leben einen Sinn hat.

»Religion und Kunst gehen auf dieselben Wurzeln zurück und sind eng miteinander verwandt«, sagt Willa Cather. Tolstoi glaubte, Kunst sei Gefühl. »Und je höher es ist, desto größer die Anzahl der Menschen, auf die es anziehend wirkt. Deshalb muß die höchste Kunst im besten Sinne religiöse Geisteshaltungen widerspiegeln, weil sie weltweit am verbreitetsten und in Abstufungen für alle Menschen typisch sind.«

Diese Sichtweise war in der Vergangenheit unter den am häufigsten gelesenen bedeutenden Autoren unumstritten. Im 20. Jahrhundert dagegen wird sie unter anderem deshalb kontrovers diskutiert, weil viele Menschen das Konzept des Religiösen in der Kunst mißverstehen. Wie ich bereits gesagt habe, hat es womöglich weder mit Doktrin oder Theologie, noch mit »Gott« zu tun. Es ist lediglich das nicht recht greifbare Gerüst, das der Vision des Künstlers Lebendigkeit, Struktur und Sinn verleiht. Ob nun der Musiker diese Vision in sich emporschwingende Crescendos umsetzt oder der Maler sie entsprechend in zusammenhängend gegenstandslosen Elementen auf die Leinwand bannt, und ganz gleich, ob er sie durch die Verzweiflung der Realisten oder den Optimismus der Romantiker andeutet: sein Werk – wenn es gut gemacht ist – wird sich von anderen dadurch positiv abheben, daß es über die Gegenwart hinausweist.

Der erfahrene Schriftsteller bietet den Lesern seinen eigenen Glauben an. Vielleicht ist der Autor ein Prophet der Verdammnis wie Sinclair Lewis und Stephen Crane, ein fanatischer Parteigänger der Wahrheit wie Plato und Friedrich Nietzsche; vielleicht ist die Autorin eine sanft belehrende Pastorin wie Eudora Welty oder Katherine Anne Porter.

Der Schriftsteller gibt aus seiner Lebenserfahrung ab, weil ihm die Menschen nicht gleichgültig sind. Ein angehender Autor mittleren Alters hat einmal zu mir gesagt: »Ich liebe

die Menschheit – nur die Menschen kann ich nicht ausstehen.« Doch der Schriftsteller und seine Leser sind Seelen-
verwandte. Sie werden einander vielleicht intimste Gedanken
anvertrauen, über die sie mit anderen Menschen nicht sprechen können. Der Schriftsteller weiß, daß seine Leser Kame-
raden sind, die von ihm lernen wollen.

Junge (und damit meine ich nicht unerfahrene) Autoren
haben häufig etwas gemeinsam, das man als eine besessene
Fixierung auf sich selbst bezeichnen könnte. Das zeigt sich
an den frühen Arbeiten von Capote, Vidal, Wolfe und vielen
anderen. Diese Egozentrik paßt zur Jugend. Doch reifes
Schreiben heißt, über das Ich hinauszugelangen und das,
was in anderen einzigartig und wundervoll ist, zu erkennen
und schätzen zu lernen. Diese Liebe zu seinen Lesern steht
häufig hinter der schöpferischen Absicht eines Schriftstellers.
Er möchte gern helfen.

Willa Cather erzählt, kurz bevor sie angefangen habe, an
The Professor's House zu arbeiten, habe sie eine Ausstellung
mit Gemälden alter und neuer holländischer Meister besucht.
Auf vielen Gemälden seien behaglich eingerichtete Wohn-
stuben oder Küchen mit Speisen und kupfernen Töpfen
zu sehen gewesen. Doch »in den meisten Interieurs ... fand
sich irgendwo ein Fenster, das den Blick auf Schiffsmasten
oder ein Stück Meer freigab. Das Gefühl für das Meer, das
einem der Ausblick durch so ein Geviert vermittelte, war
bemerkenswert und ließ mich an all die holländischen Segler
denken, welche die Weltmeere bis nach Java fast lautlos
durchpflügt haben.«

In ihrem Buch hat sie dann in einem Haus, das im übrigen
ähnlich überfüllt und mit neuen Gegenständen vollgerümpelt

war, genau so ein Fenster geschaffen. »Ich wollte das Fenster öffnen«, sagt sie, »und die frische Brise hereinlassen, die von der Blue Mesa herüberwehte und damit auch die Erinnerung an die gelinde Mißachtung von Banalitäten, die sich immer auf Tom Outlands Zügen und in seinem Verhalten spiegelte.«

Genau das tut der Schriftsteller. Er öffnet den Vorhang, um zu zeigen, was hinter dem unmittelbar Sichtbaren existiert. Aber indem er das tut, tut er alles. Tschechow schreibt:

Denken Sie daran, daß die Autoren, die wir zeitlos oder einfach nur gut nennen und die uns trunken machen, etwas sehr Wichtiges gemein haben: Sie gelangen an einen Ort und rufen Sie dorthin, und Sie fühlen nicht mit dem Verstand, sondern mit Ihrem ganzen Wesen, daß diese Autoren einen bestimmten Zweck verfolgen und – wie der Geist von Hamlets Vater – nicht einfach nur so daherkommen und Ihre Phantasie umsonst anregen. Einige verfolgen – abhängig von ihrem jeweiligen Format – unmittelbare Ziele: Abschaffung der Leibeigenschaft zum Beispiel, Befreiung des Landes, Politik, Schönheit oder Einfachheit oder auch Wodka, wie Denis Davydod; andere zielen auf Entfernteres: Gott, ein Leben nach dem Tode, das Glück der Menschheit und so fort. Die besten unter ihnen sind realistisch und zeigen das Leben, wie es ist. Doch weil jede Zeile mit dem Bewußtsein einer Absicht durchtränkt ist wie mit Fruchtsaft, spüren Sie nicht nur das Leben wie es ist, sondern auch das Leben wie es sein sollte, und das nimmt Sie gefangen.

Tschechow hat sich schier endlos mit der eigenen philosophischen Sterilität und der seiner Zeitgenossen abgequält:

Wir zeigen das Leben wie es ist, und weiter kommen wir nicht … und wenn man uns peitschte. Wir verfolgen weder

177

unmittelbare noch entfernte Ziele und bergen tief in unserer Seele nur eine große Leere. Wir haben keine politische Überzeugung, wir glauben nicht an die Revolution, wir haben keinen Gott, wir fürchten uns nicht vor Geistern, und was mich angeht, so fürchte ich nicht einmal Tod und Blindheit. Wer nichts begehrt, auf nichts hofft und nichts fürchtet, der kann kein Künstler sein.

Das hat auch Saul Bellow beklagt:

Ja, und wir modernen Schriftsteller sind nicht wirklich bereit, uns mit diesen letzten Fragen auseinanderzusetzen, und das ist einer der Gründe, aus denen die Literatur zum Rückzug gezwungen worden ist und es zugelassen hat, sich in Trivialitäten drängen zu lassen. Ein großes Unglück. Denn sobald man sich entschieden hat, Fiktionales zu schreiben, hat man, auch und gerade als Künstler, die Verantwortung übernommen, sich zu entscheiden, ob man wirklich verpflichtet ist, eine so grausame Einschränkung der Themen zu akzeptieren und die Wirklichkeit weiterhin so darzustellen, wie sie durch das Handwerk definiert ist. Diese Vorgaben (und jeder Schriftsteller weiß, was ich damit meine) bewirken aber fraglos nichts weiter, als den Leser zu langweilen. Ich für mein Teil würde lieber Computer programmieren, als so zu arbeiten.

Ja, der Autor, der nichts zu sagen hat, wird sich das nicht nehmen lassen. Ein paar Beispiele von Literatur der Hoffnungslosigkeit werden wohl mehr oder weniger permanent bei uns bleiben, sowohl als Kuriosa als auch wegen ihrer literaturhistorischen Bedeutung. Gerade so, wie manche nutzlosen technischen Spielereien in Museen ausgestellt werden. Einige Jahre lang wird man sie in Seminaren behandeln, weil sie – was in der Literatur fast einzigartig ist – eine Weltanschauung repräsentieren, der jeglicher Sinn ebenso abgeht wie menschlicher Geist oder, wenn Sie das vorziehen, wie der Wille, etwas zu erstreben. Doch vermutlich wird nicht ein einziges dieser Werke in ein paar Jahrzehnten noch als große Literatur gefeiert werden; nicht etwa, weil sie tragisch sind – Shakespeare hat Tragödien geschrieben –, sondern weil ihre Vision von der Menschheit weinerlich, unterwürfig und verschüchtert ist.

Dauerhafte Prosa hat nicht so eine Vision. Die Hemingways haben den unvernünftigen Mut des einzelnen gefeiert; die Steinbecks haben echte, wiewohl geringe Hoffnung im Mitgefühl gefunden. Selbst der James Joyce von »Die Toten« hat in der Ekstase geteilter Liebe etwas gefunden, das der Erlösung nahekommt. Und Flannery O'Connor hat das in Christus gefunden.

Katherine Anne Porter hat einem Interviewer gesagt:

Glauben Sie mir, nichts ist sinnlos und nichts ist bedeutungslos, wenn der Künstler ihm mutig ins Auge blickt. Und es ist seine Aufgabe, ihm ins Auge zu blicken. Er hat nicht das Recht, ihm aus dem Weg zu gehen. Mag das menschliche Leben selbst auch das reinste Chaos sein – der Künstler hat nur eine Aufgabe: Die paar Hände voll Verwirrung und anscheinend unvereinbarer Dinge zu nehmen und sie in einem Rahmen zusammenzufügen, um ihnen so etwas wie Form und Sinn zu geben. Selbst wenn es nur seine ganz eigene Sicht ist. Dafür ist er da: uns zu sagen, wie er das Leben sieht.

Große Schriftsteller erleichtern und lindern die Tatsache, daß uns so vieles verborgen bleibt. Sie ermuntern uns und bestärken uns in dem Glauben, daß das Leben kostbar, merkwürdig und unerschöpflich ist.

Vor ein paar Jahren habe ich eines Abends in einem Leder-
sessel in meiner Bibliothek tief in den Wäldern des nord-
östlichen Pennsylvania gesessen. Eine einzige Lampe warf
eine Lichtinsel in den Raum, im Hintergrund war leise klas-
sische Musik zu hören, und in einem anderen Teil des
Hauses schliefen meine Frau, mein Sohn und meine Tochter.
Ich hatte an diesem Tag letzte Hand an ein Buch gelegt und
hatte, wie stets nach monatelanger Arbeit, das Gefühl, als
habe die Arbeit mich verlassen und wichtige Teile meiner
selbst mitgenommen. Ich war ein wenig deprimiert und
meinte, ich könne Tschechow sagen hören: »Das Schreiben
versetzt mir nichts als Stiche.«

In meiner Phantasie stiegen Flaubert Tränen in die Augen;
die perfekte Formulierung wollte ihm nicht einfallen. Joyce
fluchte heftig. Whitman lachte nur glucksend; ihm war alles
einerlei. »Ich bin ein großer Schriftsteller«, sagte er. »In mir
schlummern Welten.«

Ich schloß die Augen und lud die Geister aller Schriftsteller, die je gelebt hatten, zu mir ein; die gefeierten und die
unbekannten, Brüder und Schwestern, die all das gemeinsam
hatten, was zur Berufung gehört. Warum ertrugen sie es?

»Ich fühle mich dazu gedrängt.«

»Gedrängt!« Aber wozu?

Dazu, die Kunst zu perfektionieren. Ja, Tolstoi hatte recht.
Am Ende kommt es allein darauf an, es *für uns selbst* besser
und immer besser zu machen. Wir schaffen Kunst, die *wir*
lieben und der *wir* applaudieren können; eine Kunst, die aus-
drückt, was *wir* ausgedrückt haben wollen, und was zählt, ist
der Weg zur Perfektion, die Entwicklung und das Streben
nach immer weiterer Entwicklung.

Im Frühjahr 1991 hatte eine 58jährige Country-Sängerin namens Dottie West nach langem Kampf gegen Krankheit und Verzweiflung ein Comeback geschafft. Eines Abends wurde sie in einer Talkshow gefragt: »Dottie, was war eigentlich Ihr bester Song?«

»Ich habe meinen besten Song noch nicht gesungen«, erwiderte sie. Eine Woche darauf ist sie gestorben.

Literatur

Agee, James, und Walker Evans: *Preisen will ich die großen Männer*, München 1989

Amerongen, J. B.: *The Actor in Dickens,* New York, 1969

Apostelgeschichte 7:51–58; in: *Die Bibel*, Leipzig

Ardrey, Robert: *Der Wolf in uns. Die Jagd als Urmotiv menschlichen Verhaltens*, Kiel 1984

Austen, Jane: *Stolz und Vorurteil*, 1995

Bahr, Robert: »They Won Without Steroids«, in: *Boys' Life*, Juli 1977

–, –: »From Crud to Chrome«, in: *Popular Mechanics*, Juli 1977

–, –: *The Blizzard*, Englewood Cliffs, New Jersey 1980

–, –: »High School Sex«, in: Valley Monthly, Februar 1978

Bradbury, Ray: *Dandelion Wine*, New York 1981

Burgess, Anthony: *The Novel Now*, New York 1967

Capote, Truman: *Kaltblütig*, 1973

Cather, Willa: *Willa Cather on Writing*, New York 1949

Cassill, R.V.: *Writing Fiction*, Englewood Cliffs, New Jersey 1975

Chopin, Kate: *The Awakening and Selected Short Stories*, New York 1988

»Confessions of Georges Simenon«, in: *MD*, März 1969

Conrad, Joseph: »Eine ungezwungene Vorrede«, in: *Über mich selbst. Einige Erinnerungen*, S. Fischer, Frankfurt am Main 1965

Cowley, Malcolm: »Storytelling's Tarnished Image«, in: *Saturday Review* 54, 25. September 1971

Crane, Stephen: *Maggie das Straßenkind*, München 1997

Dickens, Charles: *David Copperfield*, Naumburg/Saale 1893

Eckstein, Gustav: *The Body Has a Head*, New York 1970

Elwood, Maren: *Characters Make Your Story*, Boston 1973

Evans, I. O.: *Jules Verne and His Work*, New York 1966

Faulkner, William: *Licht im August,* Hamburg 1955

Fitzgerald, F. Scott: *Der große Gatsby*, Berlin 1953

Fontaine, André, und William A. Glavin, Jr.: *The Art of Writing Nonfiction. Syracuse*, New York 1987

Forster, E. M.: *Ansichten des Romans*, Berlin 1949

Fugate, Francis L.: *Viewpoint: Key to Fiction Writing*, Boston 1968

Fugin, Katherine et al.: »An Interview with Flannery O'Connor«, in: *Censer*, Herbst 1960

Gide, André: *Autobiographisches, Tagebuch 1932–1939*, 3. Band, hg. v. Peter Schnyder, Frankfurt am Main 1991

Goldenweizer, A. B.: *Talks with Tolstoy*, New York 1966

Guthrie, Alfred Bertram: »Characters and Compassion«, in: *Writer*, November 1949

Hardy, Florence Emily: *The Early Life of Thomas Hardy 1840–1891*, New York 1925

Hardy, Thomas: *Clyms Heimkehr*, Stuttgart 1989

Hawthorne, Nathaniel: »The Great Stone Face«, in: *Stories to Remember*, Bd. 1. New York 1956

–, –: *Der scharlachrote Buchstabe*, Zürich 1946

Hayes, John P.: »More Michener«, in: *Writer's Digest*, Februar 1985

Hesse, Hermann: *Demian*, Berlin 1927

Homer: *Ilias*, Bielefeld (o. J.)

Hotchner, A. E.: »This Week«, in: *Herald Tribune*, 18. Oktober 1959

Isherwood, Christopher: *A Single Man*, New York 1964

James, Henry: *Schraubendrehungen*, Stuttgart 1990

–, –: *The Art of the Novel*, New York 1962 (dt.: *Die Kunst des Romans*, 1984)

Joyce, James: *Letters of James Joyce*, hg. v. Stuart Gilbert, New York 1966

–, –: *Dubliner*, in: James Joyce, Werke, Frankfurter Ausgabe

Kayser, Wolfgang: *Das sprachliche Kunstwerk*, Bern und München, 1967

Kerouac, Jack: *Gammler, Zen und hohe Berge*; Reinbeck bei Hamburg 1963

Lawrence, D. H.: »Study of Thomas Hardy«, in: Selected Literary Criticism, London 1955

London, Jack: »Feuermachen«, in: *Alaska-Erzählungen*, Frankfurt am Main 1996

Ludwig, Emil: *Napoleon*, Berlin 1925

Macauley, Robie: *Technique in Fiction*, New York 1964

Maddux, Rachel: *A Walk in the Spring Rain*, New York 1966

Mann, Thomas: *Der Zauberberg*, Frankfurt am Main 1967

–, –: *Der Tod in Venedig*, in: *Die Erzählungen*, Frankfurt am Main 1966

–, –: *Die Entstehung des Doktor Faustus. Roman eines Romans.* Stockholmer Gesamtausgabe, Frankfurt am Main 1966

–, –: *Der Bajazzo*, in: *Die Erzählungen*, Frankfurt am Main 1966

–, –: »Einführung in den Zauberberg. Für Studenten der Universität Princeton. Als Vorwort.« In: *Der Zauberberg*, Stockholm 1946

Mansfield, Katherine: *Sämtliche Erzählungen in 2 Bänden; Band 1, Die Töchter des Jüngst verstorbenen Colonel Pinner, Band 2, Die Blume Sicherheit*, Frankfurt am Main 1980; Bd. 1

Maugham, W. Somerset: *The Art of Fiction*, Garden City, New York 1948

Maupassant, Guy de: »Of 'The Novel'«, Vorwort zu Pierre & Jean. New York 1902

Melville, Herman: *Moby Dick*, Zürich 1977

Millet, Kate: *The Basement*, New York 1979 (dt.: *Im Basement. Meditation über ein Menschenopfer*)

Mishima, Yukio: *Patriotismus*, Berlin 1987

Mitchell, Margaret: *Vom Winde verweht*, München 1996

Oates, Joyce Carol: »New Heaven and Earth«, in: *Saturday Reviev*, 4. November 1972

O'Connor, Flannery: *A Good Man is Hard to Find and Other Stories*, New York 1955

–, –: *The Correspondence of Flannery O'Connor and the Brainard Cheeneys*, Jackson, Mississippi 1986

Paine, Thomas: »The American Crisis«, in: *The American Tradition in Literature*, Sculley Bradley et al., Hrsg., 1962

Plimpton, George: »Conversations with Ernest Hemingway«, in: *Paris Review*, Frühjahr 1958

–, – (Hrsg.): *Writers at Work. The »Paris Review« Interviews*, London 1976

Pollack, Jack Harrison: *Dr. Sam. An American Tragedy*, Chicago 1972

Porter, Katherine Anne: *Conversations*, Jackson, Mississippi 1987

Prenshaw, Peggy Whitman, Hg.: *Conversations with Eudora Welty*, Jackson, Mississippi 1984

Rice, Anne: *Interview with a Vampire*, New York 1976 (dt.: *Interview mit einem Vampir*, 1995)

»Ripley: Books are like Products«, in: *Mobile Press Register*, 24. September 1991

Rogers, Lynne: *The Loves of Their Lives*, New York 1979

Rotten Reviews. A Literary Companion, hg. v. Bill Henderson, New York 1987

Shakespeare, William: *Der Kaufmann von Venedig*, in: Shakespeares Werke in zwei Bänden. Bd. II., Salzburg (o. J.)

Simmons, Maggie: »Free to Peel«, in: *Quest*, Februar/März 1979

Steinbeck, John: *Früchte des Zorns*, München, 1996

Stevenson, Robert Louis: »A Humble Remonstrance«, in: *Memories and Portraits*, Boston 1907

–, –: »A Gossip on Romance«, in: *Memories and Portraits*, Boston 1907

–, –: »A Note on Realism«, in: *Essays and Criticisms*, Boston 1907

»Story Ideas«, Carnegie-Mellon University, Department of Public Relations, Pittsburgh, April 1987

Strunk, William, Jr., und E. B. White: *The Elements of Style*, New York 1979

Talese, Gay: *The Kingdom and the Power*, New York 1961

Tenant, Stephen: »An Introduction«, Einführung zu Willa Cather: *Willa Cather on Writing*, New York 1949

Tschechow, Anton: Brief an seinen Bruder, 10. Mai 1886, in: *The Life and Letters of Anton Tchekhov*, New York 1965 (dt.: *Briefe in 5 Bänden*, Diogenes, 1979)

Vargas Llosa, Mario: *Tante Julia und der Kunstschreiber,* Frankfurt am Main 1985

Wallace, Irving: *The Writing of One Novel*, New York 1968

Wellek, René, und Austin Warren: *Theorie der Literatur*, Königstein 1995

Wells, H. G.: *Mr. Polly steigt aus*, Frankfurt am Main 1996

White, James P., und Janice L. White: *Clarity. A Text on Writing*, Los Angeles 1981

Wilder, Thornton: *Unsere kleine Stadt*, Frankfurt am Main 1994

Williams, Tennessee (Hg. J. Gaines): »Talk About Life and Style with Tennessee Williams«, in: *Saturday Review* 55, 29. April 1972

Wolfe, Thomas: *Schau heimwärts, Engel!*, Hamburg 1958

Wordsworth, William: »Preface, Second Edition of the Lyrical Ballads«, in: *English Romantic Writers*, hg. v. David Perkins, New York 1967

–, –: »The Thorn«; ebenda

»Writers are Really Servants of Reality«, in: *U. S. News and World Report*, 20. Oktober 1986

Register

a (Andy Warhol) 37, 153
A Single Man (Chr. Isherwood) 35
A Tale of Two Cities 166
»A tell-tale Heart« (E. A. Poe) 50
A Walk in the Spring Rain (Rachel
  Maddux) 51
»A & P« (John Updike) 77
Agee, James 20, 140 f.
Alliteration 147, 149
Amerongen, J. B. 18, 99 f.
»An der Bucht« (Katherine Mans-
  field) 83 f., 149
Anfang → Konzept
»Another Time or Place« (Robert
  Bahr) 21, 45 f.
Ardrey, Robert 33
Assonanz 137, 147
Atlas wirft die Welt ab (Ayn Rand)
  24
Aufbau → Konzept
Aufmerksamkeit; Interesse 32, 36
Ausgewogenheit eines Werkes
  118–121
Austen, Jane 17, 32, 104
Autor 36, 46 f.
  – als Bühnenbildner 69–86
  – als Dramatiker 18 f., 23, 27
  – als Regisseur 109–122
  – als Schauspieler 87–107
  – als Zuschauer 123–135
  – Autor-Leser-Beziehung 72, 74,
    77 f., 86, 134 f., 162, 175 f.

  – Bescheidenheit 156–160
  – Ehrlichkeit und Wahrheit 154 f.,
    163
  – Konzentration 160 f.
  – Mut 106 f., 163–168
  – persönlicher Stil 49 f., 58–67
  – Persönlichkeit 64, 162
  – Schreibmotivation 167–172
  – Selbstvertrauen 162 f.
  – und seine Figuren 102 ff.
  – Wertgefühl 118 f.
  – Zeitgeist 154 f.

Bahr, Robert 21, 32, 45 f., 88–98,
  105, 110, 151 f., 164, 171 f.
Balzac 75
Bellow, Saul 67, 173 f., 178
Beschreibung; Hintergrund; Milieu-
  schilderung 69–86, 112, 116 ff.,
  129 f.
  – Bühnenbild des Textes 69 f., 81
  – Erfahrung des Lesers 70 ff.
  – Kulisse, Hintergrund 74 ff., 115,
    131
  – Naturbeschreibung 78, 129 f.
  – Phantasie des Lesers 72 ff.
  – Schauplatz, Milieu 81–86
  – Wieviel Beschreibung? 77–80
Bildnis einer Dame (Henry James)
  98
Bleakhouse (Charles Dickens) 165 f.
Bradbury, Ray 33

Brontë, Emily 64, 166
Buckley, William F. 163
Bühnenbild → Beschreibung
Burgess, Anthony 173

Capote, Truman 20, 163, 176
Carlyle, Thomas 166
Carson, Rachel 24
Cassill, R.V. 81, 104 f.
Cather, Willa 75 f., 161, 174, 176 f.
Charakter; Charakterzeichnung
    → Figur
Chaucer, Geoffrey 39
Chopin, Kate 119, 155
Clarity (James White) 79
Clyms Heimkehr (Thomas Hardy)
    84 f.
Conrad, Joseph 162
Cowley, Malcolm 36 f.
Crane, Stephen 14, 20, 155, 175

Dandelion Wine (Ray Bradbury)
    33
Das sprachliche Kunstwerk (Wolfgang
    Kayser) 144, 148 f.
David Copperfield (Charles Dickens)
    99 f.
Defoe, Daniel 155, 163
Delta Wedding (Eudora Welty) 83
Demian (Hermann Hesse) 99
Der alte Mann und das Meer
    (E. Hemingway) 77, 111
Der Bajazzo (Thomas Mann) 17
Der große Gatsby (F. Scott
    Fitzgerald) 52, 77, 142 f.
Der Kaufmann von Venedig (Shake-
    speare) 102 f.
Der nackte Affe (Desmond Morris)
    24

Der Pfeil ins Blaue (Arthur Koestler)
    170
Der Raritätenladen (Charles Dickens)
    100
Der scharlachrote Buchstabe
    (N. Hawthorne) 77, 141
Der Tod in Venedig (Thomas Mann)
    16, 81
Der Wolf mit uns (Robert Ardrey) 34
Der Zauberberg (Thomas Mann) 43 f.,
    170 f.
Des Menschen Hörigkeit (Somerset
    Maugham) 66
Dialog, wörtliche Rede 104 ff., 118,
    129 f.
Dickens, Charles 18, 19, 36, 39, 99 f.,
    134 f., 156, 163, 165 f.
Dickinson, Emily 65
Die Brücken am Fluß (J. R. Waller)
    105 f.
Die Cocktailparty (T. S. Elliot) 166
»Die Maske des roten Todes« (Edgar
    A. Poe 41
»Die Toten« (James Joyce) 179
Disziplin des Autors 46 f., 58, 100,
    109, 124 f.
Doktor Faustus (Thomas Mann) 52 f.,
    125 f.
Doktor Schiwago (Boris Pasternak)
    137
Don Quijote (Cervantes) 173
Dostojewski 64
dramatische Technik 18 ff.
Droste-Hülshoff, Annette von 148 f.
Dubliners (J. Joyce) 27
Dumas d. Ä., Alexandre 76

Eckstein, Gustav 20
Einheit eines Werkes 120 ff.

Elliot, T. S. 166

Elwood, Maren 38

Emerson, Ralph Waldo 67, 166

Emotion; Gefühl; Leidenschaft
40–44, 46, 63–67, 81, 102, 104,
109, 121, 132 f., 137, 141, 155, 162

Endfassung; Überarbeitung; Korrektur 123–135
– Streichungen 127–130

Entwurf → Endfassung
→ Konzept

Erzähler; Erzählstimme; Spielleiter
32 f., 35, 49–67, 82, 128, 131,
162
– »eigene« Stimme des Autors
58–67
– auktorialer Erzähler 56 ff.
– beobachtender Ich-Erzähler 52 f.
– Beständigkeit 130 ff.
– Erzählstimme 34
– externer Erzähler in der dritten
Person 53 f.
– personaler Erzähler 54 ff.
– teilnehmender Ich-Erzähler 50 f.

Erzählfluß 110–115, 118, 121

Erzählhaltung 49–67

Erzählperspektive 49–67

Erzählstimme → Erzähler

Euphonie → Stilmittel

Faulkner, William 31

Feuermachen (Jack London) 15

Fielding, Henry 63, 155

Figur; Charakter; Personal 87–107,
115, 118, 131
– Charakterzeichnung 100 f.
– Identifikation 89–100

Fitzgerald, F. Scott 52, 77, 142 f.

Flaubert 39, 66, 98, 147, 153, 163, 180

Fontaine, André 19

Forster, E. M. 39, 63 f., 104

Fremder in einer fremden Welt
(Robert Heinlein) 24

Freud, Sigmund 102

Früchte des Zorns (John Steinbeck)
26 f.

Fugate, Francis L. 58

Gammler, Zen und hohe Berge (Jack
Kerouac) 60 ff.

Gefühl → Emotion

Gide, André, 65

Glavin, William A. 19

Goldenweizer, A. B. 124, 138

Gorki, Maxim 129 f.

Goyen, William 80

Graves, Robert 124

Grundhandlung → Konzept

Guthrie, A. B. 100 f.

Handlungslinie → Konzept

Hardy, Thomas 66, 84 f.

Hawthorne, Nathaniel 77, 112 ff.,
120, 141

Heinlein, Robert 24

Hemingway, Ernest 20, 41 f., 44, 77,
111, 134, 140 f., 159, 170, 179

Hesse, Hermann 99

Heyse, Paul 144

Hintergrund → Beschreibung

Höhepunkt → Konzept

Hoffman, Abbie 153

Homer 31, 39

Idee → schöpferische Absicht

Ilias (Homer) 31

Individualität 64 f.

Intention → schöpferische Absicht

Interview with a Vampire (Anne Rice) 72 f.

Isherwood, Christopher 35

James, Henry 50, 59, 61, 75, 98, 110 f.
Jane Eyre 166
Journalismus, »new journalism«
   → Sachliteratur
Joyce, James 17, 27, 71 f., 155, 173, 179 f.

Kadenz 137
Kaltblütig (Truman Capote) 20
Kayser, Wolfgang 144, 148 f.
Kerouac, Jack 60 ff., 140
Klischee 85 f.
Koestler, Arthur 170
Konflikt → Konzept
Konzept; Konzeption; Aufbau 27, 109
   – Anfang 28, 30–36, 40
   – Handlungslinie, Grundhandlung 27 f., 110–115
   – Höhepunkt 45 f.
   – Konflikt 28–31, 40, 44 ff.
   – Mittelteil 36–45
   – Schluß 40, 45 ff.
   – schöpferische Absicht, Idee 23–27, 120 ff.
Korrektur → Endfassung
Kreativität 78, 80, 115, 123
Krieg und Frieden (Tolstoi) 45, 120, 173
Kritik; Kritiker 125 ff., 135, 144, 155 f., 160, 165 ff.
Kunst 11–14, 28, 41, 47, 69, 169–181
   → Literatur
Kurzgeschichte 28 f., 77, 130

Langweiligkeit 36–40, 74 f., 111, 128 ff.
»Laras Thema« 137
Lautmalerei
   → Stilmittel
Lawrence, H.D. 65, 173 f.
»Leaves of Grass« (Walt Whitman) 139
Leidenschaft
   → Emotion
Lesen 161
Leser 13, 16, 21, 36, 41, 46, 50, 69–80, 86, 89, 110, 134 f., 144, 146, 155
   – Kreativität des Lesers 69–74, 77 f., 80, 86
Lewis, Sinclair 175
Licht im August (William Faulkner) 31
»Literary fact«
   → Sachliteratur
Literatur 11 (als einzigartige Kunstform), 13 (als Theater der Phantasie), 69, 72, 76, 101, 104 f., 118, 132, 138 f., 149, 155
   – ihre dramatische Qualität 16–19, 88 f.
   – ihre umfassende Sinnlichkeit 13, 14 (Sehen, Hören), 15 (Riechen, Fühlen), 161
   – im 20. Jahrhundert 175–179
   – religiöse, metaphysische Funktion 173–181
London, Jack 15
Losing Battles (Eudora Welty) 83
Ludwig, Emil 20, 143 f.

»Ma'ame Pélagie« (Kate Chopin) 119

Macauley, Robie 106

Maddux, Rachel 51

Maggie, das Straßenkind (Stephen Crane) 14

Mailer, Norman 20, 163

Malamud, Bernard 34 f., 53 f.

Mann, Thomas 16 f., 19, 43 f., 52 f., 81, 125 f., 170 f.

Mansfield, Katherine 83 f., 149

Mark Twain 20, 36, 39, 59 ff., 164

Maugham, Somerset 64, 66, 112, 169 f.

Maupassant, Guy de 101 f., 153

Melville, Herman 141 ff., 146, 164

Michener, James 27, 163 f.

Milieuschilderung
    → Beschreibung

Millet, Kate 31 f.

Mishima, Yukio 132 f.

Mitchell, Margaret 44, 55, 67

Mittelteil
    → Konzept

Moby Dick (Herman Melville) 141 f., 146

Morris, Desmond 24

Morris, William 89

Mr. Polly steigt aus (H. G. Wells) 55 f.

Napoleon (Emil Ludwig) 20, 143 f.

Naturbeschreibung
    → Beschreibung

Nietzsche, Friedrich 175

O'Connor, Flannery 119 f., 131, 159 f., 166, 179

Oates, Joyce Carol 171

Originalität 66, 115 ff., 121, 151–154

Orwell, George 20

Paine, Thomas 145 f.

Pasternak, Boris 137

Peel, James 57 f.

Persönlichkeit 64 f.

Personal → Figur

Persons, Elisabeth 79

Phantasie 100, 116 f., 160
    – des Lesers 13, 16, 69 f., 72 ff., 78, 86, 89

Platon 175

Poe, Edgar A. 41, 50

Poesie 137–140, 149, 158

Porter, Katherine Anne 27, 157, 159, 175, 179

Preisen will ich die großen Männer (James Agee) 20, 140 f.

Prosa 137–140, 149, 158

Qualität 109 f.

Rand, Ayn 24

Rezension; Rezensenten 165 ff.

Rhythmus → Stilmittel

Rice, Anne 72 f.

Roderick Hudson (Henry James) 110 f.

Roman 18, 28, 33, 36–39, 58, 74 ff., 82, 85 f., 101, 104, 111, 160

Sachliteratur 19 f., 28, 34, 36, 50, 76, 82, 131, 160 f.

Schau heimwärts, Engel! (Thomas Wolfe) 139

Schauplatz → Beschreibung

Schluß → Konzept

schöpferische Absicht; Idee; Intention 23–27, 35, 70 f., 76, 85, 104, 109, 114 f., 120 ff., 128 f., 146, 155, 172 f.

Schraubendrehungen (Henry James) 50, 59, 61

Schreiben, Motivation für das 167–172

Schreiber, Flora Rita 87 f.

Scott, Sir Walter 63 f.

Semple McPherson, Aimee 97 f., 105

Shaffer, Peter 14

Shakespeare 36, 39, 102 f., 179

Sibyl (Flora Rita Schreiber) 87 f.

Simenon, Georges 98

Sontag, Susan 123 f.

Spannung 28–32

Spielleiter

→ Erzähler

Steal this Book (Abbie Hoffman) 153

Steinbeck, John 23, 26 f., 179

Stendhal 16, 65 f.

Stevenson, Robert L. 36, 42 f., 81 f., 85 f., 129

Stil 49 f., 58–67, 155

Stilmittel

– Lautharmonie 147 f.

– Lautmalerei 148 f.

– Musikalität 137–140

– Rhythmus, Versmaß 137 f., 140–148

Stimmung 33

Stolz und Vorurteil (Jane Austen) 32

Storm, Theodor 144

Streichungen → Endfassung

Strunk, William 62, 128

Styron, William 148

Symbole; Symbolik 158 ff.

Tante Julia und der Kunstschreiber (Mario Vargas Llosa) 98

Techniques in Fiction (Robie Macauley) 106

The Actor in Dickens (J. B. Amerongen) 18

The American Claimant (Mark Twain) 59 ff.

»The Artificial Nigger« (Flannery O'Connor) 119 f.

The Art of Fiction (Somerset Maugham) 64

The Basement (Kate Millet) 31 f.

The Blizzard (Robert Bahr) 94–97

The Body has a head (Gustav Eckstein) 20

»The Day Mr. Devil Died« (James Peel) 57 f.

»The Gold Pen« (Robert Bahr) 171 f.

»The Grashopper's Burden« (W. Goyen) 80

»The Great Stone Face« (Nathaniel Hawthorne) 112 ff.

»The Jewbird« (Bernard Malamud) 34 f., 53 f.

»The Nightingales Sing« (Elisabeth Persons) 79

The Ponder Heart (Eudora Welty) 52

The Prize (Irving Wallace) 169

The Professor's House (Willa Cather) 176 f.

The Shoemaker (Flora Rita Schreiber) 87

The Summing Up (Somerset Maugham) 169 f.

Theater der Phantasie 11–22, 120

Theorie der Literatur (R. Wellek, A. Warren) 137 f.

Tolstoi, Leo 45, 120, 124, 138, 163, 167, 173 ff., 180

Trollope, Anthony 112

Tschechow, Anton 78, 129 f., 177 f., 180

Turgenjew, Iwan S. 167

Twain → Mark Twain

Überarbeitung → Endfassung

Ulysses (James Joyce) 71 f., 173

Unsere kleine Stadt (Thornton Wilder) 49

Unter Strom (Tom Wolfe) 20

Unterhaltung; Unterhaltsamkeit 36–40, 74 f., 128 ff.

Updike, John 77, 174

Vargas Llosa, Mario 98

Verlage 164 f.

Verne, Jules 27

Versmaß → Stilmittel

Vidal, Gore 163, 176

Vom Winde verweht (Margret Mitchell) 44, 55

Wallace, Irving 44, 169 f.

Waller, James Robert 105 f.

Warhol, Andy 37, 153

Warren, Austin 137 f.

Wellek, René 137 f.

Wells, H. G. 55 f.

Welty, Eudora 17, 23, 52, 80–83, 127, 175

West, Dottie 181

White, E.B. 62, 128

White, James 79

Whitman, Walt 139, 180

Wilder, Thornton 49

Williams, Tenessee 63

Wörter 127 f., 132 f., 137

wörtliche Rede → Dialog

Wolfe, Tom 20, 138 f., 147 f., 176

Wordsworth, William 158

Writing Fiction (R.V. Cassill) 81

Wuthering Heights (Emily Brontë) 166

»Young Goodman Brown« (N. Hawthorne) 120

Zeit; Erzählzeit; erzählte Zeit 131 → Erzählfluß

Zeitgeist 154 f.

Das Papier dieses Buches, einschließlich Überzug
und Vorsatz, besteht zu 100 Prozent aus Altpapier.
Das Kapitalband wurde aus ungefärbter und
ungebleichter Baumwolle gefertigt.